Michael Lovingston

Ordo caelestis universalis

L'ORDRE CÉLESTE UNIVERSEL
PHYSIQUE ET MÉTAPHYSIQUE

Les Éditions de L'OCU

Conception et réalisation : Infoscan Collette, Québec

Impression : Marquis imprimeur, inc.

Dépôt légal 4e trimestre 2007

Bibliothèque et Archives Canada

Bibliothèque et Archives nationales du Québec

ISBN : 978-2-9810227-0-7

Imprimé au Canada

Avertissement

Cher lecteur, je vous convie au scepticisme[1] et à la circonspection[2]. N'y voyez point que polémique ou dénigrement, si certains sujets peuvent choquer ou vexer. Je vous incite à la compréhension, à l'ouverture d'esprit, par suite de lecture vous constaterez l'objectivité dans la recherche du vrai, de l'amour universel tout en concordant: science, réalité et vérité. Voici donc mon exposé; «initiation» à l'ordre céleste universel. Sincèrement vôtre l'auteur Michael Lovingston.

---

[1] Un scepticisme conjectural

[2] Une circonspection conjoncturelle, éclairera la compréhension phénoménologique. Une suspicion, objective vis-à-vis des sujets et propos, est de mise pour une conclusion démonstrative, positive, objective, irréfutable. Cette nuance est importante car toute thèse issue d'hypothèse se doit, pour l'atteindre, obtenir l'accréditation de vérité et devenir une synthèse crédible, défier l'intelligence pour son bien, son acceptation. Se conscientiser, mettre son intelligence à profit, vers une conscientisation globale à tous les niveaux.

Sommaire

Introduction

J'espère que cette lecture vous apportera autant de plaisir, de joie, d'émerveillement, de prise de conscience, que la révélation et l'écriture de « l'ordre céleste universel » le furent pour moi ! Voici donc « initiation » à l'ordre céleste universel. Mes études, recherches et expériences en sciences, métaphysique et spiritualité, me permettent d'affirmer sans contredit que l'ordre céleste universel est l'étendard de la connaissance dans sa pluridisciplinarité. Un niveau de conscience sublimé duquel résulte une force, une intelligence supérieure. Ce chef d'œuvre d'intelligence créatrice, qu'est l'ordre céleste universel, l'univers tout entier, du microcosme au macrocosme, lui est lié, du commencement des temps, jusqu'à nous et au-delà même dans l'indéfinissable mesure de l'univers. L'ordre céleste universel se veut un ordre pluridisciplinaire, dont un traité de physique et de métaphysique. Nous aborderons la mécanique cosmique, ses lois et principes physiques mathématiquement quantifiables à l'infini ; les lois qui régissent l'univers, l'ordre du cosmos, de l'univers ; l'ordre cosmique universel. De cet ordre est issue, toute matière et énergie, ainsi que toute vie dans un ordre précis, parfait, d'une corrélation infinie d'une[3] relativité continuelle, d'interactions perpétuelles. Du même ordre, la métaphysique, le surnaturel, on dit surnaturel ou parapsychologique tout phénomène inexplicable, ces processus qui nous échappent sont issus et régis des mêmes principes, de création de paraconceptualisation absoluité.[4]

---

[3] Voir théories relativistes

[4] Néologie ; voir la PCA

Un pouvoir sans limite! La recherche d'un syncrétisme de réalité, de vérité dans la multiplicité omnidirectionnelle du continuum spatio-temporel, suis la «TA» filiation dans cette mécanique céleste et au-delà, le voyage fantastique, infini, intemporel, un pur chef d'œuvre dans son incommensurabilité. L'ordre céleste universel existe depuis toujours et existera, régnera sur l'univers à tout jamais. Concevoir l'univers ses tenants avenants et aboutissants, c'est se mesurer au dépassement de tout entendement. Même la cosmologie à ses limites, c'est à ce point donné que la métaphysique prend la relève, nous signifiant par explicative qu'ultérieurement nous verrons, les mystères que nous n'avons pas de réponses ou seulement des hypothèses... Découvrez une nouvelle théorie conceptuelle de l'univers une redéfinition cosmologique, une vision supranaturelle, transcendance des essences matérielles, des énergies en puissance; un facteur synergique exponentiel multidimensionnel; un pouvoir sans limite!

Bien sur les religions ont des réponses à toutes nos questions, mais l'omniscience et la préscience n'est qu'une question de foi, de croyance, ma raison, ma conscience aura-t-elle foi? La logique contemporaine, la philosophie, la morale, la religion versus le monde moderne, la logique moderne «branchée» du nouveau millénaire, peut-on en tirer une suite logique, telle une évolution? Où trouver la vérité dans la réalité? En tant que métaphysicien évolutif, scientifique, je ne peux que me soustraire, me joindre ou m'abstenir à des théories, doctrines, concepts et préceptes, comme aux mouvements, tendance moderniste ou autre. Retenez bien ces trois lettres «OCU», l'ordre céleste universel, le summum quantum éclectique, l'alliance fusionniste universelle; elles deviendront aussi populaires que USA ou ONU. Vous avez la chance d'avoir entre les mains une idéologie, une métaphysique nouvelle, même plus, une nouvelle science; l'omniscience de l'OCU et la «paraconceptualisation absoluité». L'OCU ce n'est pas seulement la mécanique cosmique, comme la précision des équinoxes, ou toutes interactions qui les dirigent; de la terre jusqu'aux confins de l'espace. L'OCU est de par sa nature multidisciplinaire et dispose d'un facteur synergique exponentiel multidimensionnel. Du même ordre, nous, humain, du passé, présent ou futur, y sommes assujettis, issus. Toujours du même ordre, chaque vie, chaque cellule molécule, atome, etc, sont en filiation constante; dans le continuum spatiotemporel. Notre destinée qui s'ouvre sur le nouveau millénaire, avec tous ses défis à relever s'avèrera un formidable défi commun à nous tous, car croyez-moi si nous ne voulons pas nous diriger convenablement vers un avenir meilleur, plus respectueux, plus équitable envers tous et surtout notre environnement et bien nous courrons à notre perte... Ni pessimiste ou optimiste, seulement réaliste c'est notre ultimatum! Dont l'issue ne peut dépendre que de nous, tous. Prime abord, je m'adresse à vous via ce livre pour le bien de la communauté car comme on le dit si bien «nous sommes tous dans le même bateau». À vous les jeunes qui êtes notre avenir, à nous les adultes qui avons les rênes en main et enfin à toute personne désireuse de connaître.

Initiation

Initiateur, de l'ordre céleste universel, je dédie cet œuvre à tous ceux et celles qui ont tenu ferme à leurs idées, opinions, même jusqu'à la mort, dans la lignée des maîtres à penser ; Socrate, Platon, Jésus, le Dalaïlama, Martin Luther King, Mahatmas et Indira Gandhi et bien d'autres dont l'engagement, l'humanisme sont un exemple. Enfin à tous les précurseurs de paix, d'amour, d'universalisme, je dédis ma philosophie de l'OCU. Nous assistons à un changement de niveaux d'expérimentation en entrant dans le nouveau millénaire, cette nouvelle ère en est une d'autonomie et de responsabilité qui nous permettra l'accès à l'illumination par l'éveil spirituel. (Reconnaître l'omniprésence de la source en nous, cette intelligence suprême, te guidera sur la voie de la vérité ; la vie est amour... Rosy Porrovecchio.) Le physicien et enseignant Johann Soulas auteur et philosophe, nous offre une version implicite de l'initiation et de l'universalisme, dont voici quelque propos : « l'initiation, les bases initiales de tous temps, l'initiation de nature ésotérique, prétendait divulguer des secrets profonds à un petit nombre de créatures disposées à les accueillir. En fait nous pouvons affirmer actuellement, que ces « secrets » de nature symbolique ne pouvaient, soit qu'être d'aucune ou peu d'information dignes d'intérêts. La preuve : si ces prétendus secrets, avait été véritablement importants ou indispensables pour l'humanité, leurs informations se seraient imposées et l'homme, depuis longtemps ne vivraient plus les tourments qui n'ont pas cessé de s'amplifier jusqu'à nos jour. Si l'initiation est symbolique et uniquement cela, elle est sans intérêt ou au pire constitue une supercherie. L'initiation est rationnelle ou ne l'est pas. De ce point de vu elle est censée inculquer les bases fondamentales rationnelles permettant de comprendre le fonctionnement profondément subtil et incarné des choses de ce monde. Elle est censée révéler le « sens de la vie et l'ordre supérieur de l'univers ». La symbolique du sens universel; la hantise de la mort, compréhensible en l'absence d'une conscience haute et forte de la vie, a toujours été [et est toujours] telle, que l'imaginaire humain, aidé en cela par les croyances religieuses, par les fausses affirmations médiumnique, a su broder fantasmes sur fantasmes pour se persuader de toutes sortes d'imageries concernant une possible [survie, un paradis céleste] ou un purgatoire selon les mérites de chacun ici bas. L'accès au sens puis sa résolution mettent fin, nécessairement, à ces

Ce zodiaque provient du temple de Dendérah, en Haute-Égypte. Il a été gravé entre — 11 010 et — 8 850, pendant les 2 160 ans où le soleil d'équinoze s'est levé dans le Lion.

enfantillages. Pour cela il convient de [replacer] toutes ces questions dans le rationnel cosmique ou l'homme, devenu homme créateur de sa vie et de l'univers, [oriente] tous les processus vers une finalité suprême. À l'orée du troisième millénaire, l'homme va devenir un mutant. De l'homme des cavernes d'autrefois, de l'homme emmuré d'aujourd'hui va surgir l'homme divin. Ce surgissement demande des changements de paradigmes, pour sortir définitivement du mental et accéder à la conscience parfaite, *la Vision du monde ne peut plus se divertir indéfiniment avec des vieux concepts, des traditions remuées perpétuellement dans l'auge d'un exotisme éteint.* Une noergie supérieure appelle les esprits à révolutionner, l'intelligence afin qu'elle inverse sa vision, pour qu'elle devienne intérieure. L'initiation est législative : elle est basée sur les lois. Et les lois sont toutes d'origine scientifique. Elle est censée révéler le ; sens de la vie et l'ordre supérieur de l'univers, le pourquoi et le comment de l'émergence du sens. (propos de Johann Soulard)

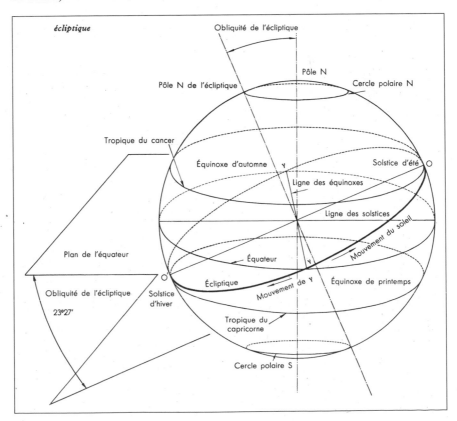

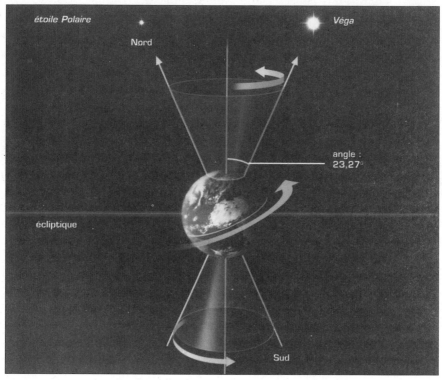

L'axe de rotation de la Terre oscille, comme celui d'une toupie, en décrivant un cône complet en 26 000 ans.

La précision des équinoxes

L'équinoxe représente ce moment de l'année sur terre, où le soleil, passant par l'équateur, le Jour a une durée égale à celle de la nuit, d'un cercle polaire à l'autre, phénomène se produisant deux fois l'an. Le jour du printemps et le jour de l'automne (21 mars et 23 septembre). La précision de cette mécanique cosmique, ces lois qui régissent l'univers, n'est pas aléatoire, chaotique, expansionniste. Tout mouvement rotatif, équinoxal gravitationnel, écliptique (plan de l'orbitre de la Terre et des autres planètes, sauf Pluton, autour du soleil), cet ordre parfaitement synchronisé et sa causalité, nommons là; l'ordre céleste universel, l'ordre du Cosmos, de l'univers: L'ordre cosmique universel.

La précession des équinoxes

Entre deux apparitions du soleil, au point vernal (équinoxe du printemps), d'un solstice à l'autre; 365 jours, 5 heures, 48 minutes et 49,6 secondes s'écoulent. La Terre ne bouclant son orbite que 20 minutes 20 secondes plus tard, le Soleil apparaît donc au point vernal avant l'équinoxe. Ce phénomène constitue la «précession des équinoxes» vingt minutes 20 secondes de décalage. Découverte 128 ans avant Jésus Christ par Hipparque. La précession des équinoxes fût une révélation pour les astronomes de ce temps.

Prologue didactique et dialectique

L'astronomie se veut la plus ancienne des Sciences. Depuis cinq mille ans, scruter le ciel et essayer d'y comprendre, d'analyser, de répertorier les astres, les prénommer, fût de tout temps une activité, un loisir, une profession. De nos jours, avec les moyens techniques et scientifiques dont nous disposons, cette science évolue, se spécialise de plus en plus. Mais des questionnements, des théories qui depuis Socrate, Épicure, Aristote et bien d'autres, persistent même de nos jours en ce début du Troisième millénaire. Ces énigmes hantent l'Homme. L'Univers, ses composantes, sa nature, son début, son évolution demeurent mystérieuse, énigmatique. L'Ordre céleste universel que je vous propose n'apportera pas une solution à toutes les questions ; mais s'il peut y ajouter un peu de lumière et de compréhension envers le mystère qu'est l'univers et bien ; c'est ce que je vous propose. L'Astrophysique, branche de l'astronomie qui étudie la nature, la formation, l'évolution des Astres, corps céleste etc. est en pleine effervescence. 2005 fût l'année de la science, la robotique, l'informatique progresse constamment et nous fournissent un précieux apport tel spirit et opportunity sur Mars. La progression des satellites et leurs nouvelles données confirment ou infirment beaucoup d'hypothèses. Les progrès effectués en astrophysique, en cosmologie, nous incitent aussi à une remise en question de théories ainsi qu'une précision quantitative et qualitative de notre galaxie. Les nouveaux instruments ; télescopes géants nouveaux satellites et les progrès en modélisation informatique nous ouvrent de nouvelles voies d'exploration et une nouvelle vision toujours plus loin dans le

Cosmos. La découverte d'exoplanètes cependant ouvre encore une fois la possibilité d'autres vies et civilisations!

L'historique de l'Ordre céleste

L'historique de l'Ordre céleste qui fût au passé, plus précisément, existait sous la forme que voici ; dans l'ancien empire féodal nippon les classes sociales, les castes comportaient des règles strictes dont la façon de fonctionner entre membres des classes sociales reposait sur plusieurs points majeurs. Le premier de ces points est « L'Ordre céleste » chaque, homme à une place dans l'univers, et nul ne peut s'y déroger, se plaindre, s'en vanter ou s'enorgueillir. De même, un samouraï dans cet ordre céleste fera ce qu'il faut, se comportera comme il se doit. Tout comme l'ouvrir qui devra travailler de ses mains sans jamais se plaindre, intransigeante, cette vie, ce système permettrait d'atteindre une place plus élevée, dans l'ordre céleste, lorsqu'il mourrait, c'était une valeur capitale. Le tout était une question de Karma ; système qui présuppose des vies antérieures et une suite selon que vous viviez honorablement, vous étiez récompensé. Je crois nécessaire de spécifier ce détail car « l'ordre céleste universel » que j'ai conceptualisé n'a rien à voir avec l'ordre céleste ci-dictée. Une rectification structurelle linguistique importante pour ne pas confondre l'Ordre céleste de cette antique société nipponne, l'empire nippon et les samouraïs et l'originalité de l'Ordre céleste universel, un ordre scientiste, pluridisciplinaire, que j'ai constitué au fil des ans. Ce pourquoi une présentation, une explication dialectique s'imposait. L'OCU se compose dialectiquement ; en raison de l'identité du rationnel et du réel, la dialectique signifie l'Art de discuter, de raisonner, de dialoguer. La méthode dialectique est donc la seule qui rejetant les hypothèses s'élève jusqu'au principe même pour établir solidement ses conclusions c'est aussi l'Art de mettre en œuvre les arguments, avec force et justesse. Le mode le plus élevé de la connaissance, la science dialectique remonte jusqu'au principe même de l'être; la connaissance de l'intelligible, (Noèse), ou intelligence pour s'élever jusqu'au principe universel. En ce sens l'Ordre céleste universel se veut prépondérante à la dialectique.

Un immense iguane terrestre ressemble à une bête préhistorique lorsqu'il se promène sur le flanc des volcans des Îles Galapagos. Éloignées du reste du monde, ces îles possèdent une faune et une flore uniques.

Ordo existentia

L'ordre existentiel, se divise en cinq composantes nécessaires à la compréhension de tout phénomène ou circonstance physique et métaphysique pour bien situer, délimiter dans la juste mesure, le vrai du faux, de l'hypothétique au fictif pour mieux comprendre la réalité de notre environnement immédiat et l'étendue universelle de toute connaissance. Ces prémisses sont dans l'ordre existentiel: Les préexistants de la préexistence, l'existant de toute existence, les coexistants de la coexistence, le futur existentiel de ces ensembles, et les inexistants.

I- Les préexistants

De la préexistence, il nous est révélé, grâce à l'archéologie, la paléontologie notre passé lointain et le genre de créatures qui y vivaient y compris, l'homme et son évolution. De la période du crétacé et ses reptiles; tel le sarcosucus; crocodile de 12 mètre de longueur qui vivait-il y a cent millions d'années, à l'ère jurassique et les dinosauriens, le lion de caverne aux dents de sabre, tout comme les mammouths laineux, une incroyable panoplie de créatures de bêtes géantes, de toutes formes on existé; leur préexistence est bien réelle, nous pouvons l'affirmer. Ce qui nous amène au **futur existentiel IV**, l'homme verra-t-il l'an 3000? Et si ce serait non, juste une hypothèse, un exemple, advenant un conflit; une guerre mondiale, et l'utilisation des armes de destruction massive que l'on connaît ou encore si la collision prévue dans * 800 ans avec un astéroïde ou un autre bouleversement, mettant fin à notre fragile biosphère, à moins que le soleil s'éteigne, la vie biologique cellulaire,

295–250	Trias 250–203	Jurassique 203–135	Crétacé 135–65	Tertiaire 65–1,75	Quaternaire 1,75–époque actuelle
	MÉSOZOÏQUE (SECONDAIRE) 250–65 MA			CÉNOZOÏQUE 65 MA–époque actuelle	

CONFRONTATION AU CRÉTACÉ
Dans une forêt asiatique du Crétacé, un groupe de thérizinosaures adopte des postures d'intimidation pour faire face à un carnivore affamé, *Tarbosaurus*. Les griffes de *Therizinosaurus*, malgré leur grande taille, ne pouvaient probablement pas trancher les chairs, et il est possible que la meilleure défense de ce dinosaure ait été sa grande taille. Bien qu'il soit plus petit, *Tarbosaurus* ne devait pas hésiter à attaquer. Ce tyrannosaure se nourrissait de thérizinosaures et d'autres dinosaures.

| Cambrien 540–500 | Ordovicien 500–435 | Silurien 435–410 | Dévonien 410–355 | Carbonifère 355–295 | Permien |

PALÉOZOÏQUE (PRIMAIRE) 540–250 MA

Le paléontologue Paul C. Sereno et les restes fossilisés du gigantesque crâne du
Carcharodontosaurus saharicus.

L'ARMATURE OSSEUSE

Comparés à la plupart des autres théropodes, les tyrannosauridés avaient le crâne plus gros, les mâchoires plus puissantes, les dents plus grandes, le cou plus épais, le corps moins allongé et les bras très petits. La longueur du crâne était presque égale à la moitié de la longueur de la colonne vertébrale entre le bassin et la tête. Le cou épais devait être formidablement musclé pour soutenir le poids du crâne. Les bras ne dépassaient généralement pas la longueur d'un bras d'homme, mais ils étaient très musclés. Tout cela fait penser que les tyrannosauridés étaient des prédateurs entièrement centrés autour de leur énorme bouche propre à briser les os et à écraser les chairs. Parmi les squelettes récemment mis au jour se trouve le plus gros spécimen de *Tyrannosaurus* jamais découverts, d'où une polémique sur l'existence de différences entre les sexes chez les tyrranosauridés, les femelles étant peut-être plus grosses que les mâles.

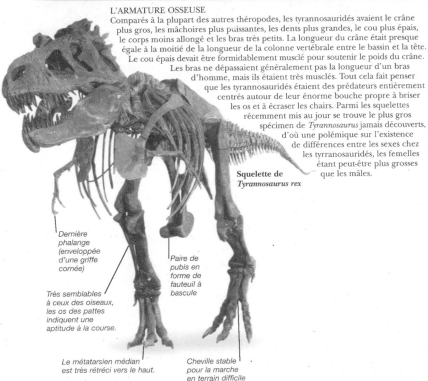

Squelette de
Tyrannosaurus rex

Dernière phalange (enveloppée d'une griffe cornée)

Paire de pubis en forme de fauteuil à bascule

Très semblables à ceux des oiseaux, les os des pattes indiquent une aptitude à la course.

Le métatarsien médian est très rétréci vers le haut.

Cheville stable pour la marche en terrain difficile

DES ANIMAUX CHASSANT EN BANDES

Au Pléistocène, des espèces de carnivores plus nombreuses qu'aujourd'hui se côtoyaient : la compétition et les combats étaient donc probablement encore plus rudes. De nombreux squelettes de *Smilodon* présentent des traces de blessures ou des difformités consécutives à la chasse ou au combat. Certains individus survécurent à de graves blessures, telles des fractures du bassin ou des mâchoires. Tant que leurs blessures n'étaient pas guéries, ces félins devaient être incapables de chasser. Il est donc possible que *Smilodon* ait vécu au sein de groupes sociaux, ce qui permettait aux individus blessés de se nourrir des animaux tués par les autres membres du groupe.

Chez les plus gros Smilodon, les canines de la mâchoire supérieure mesuraient plus de 25 cm de long.

SMILODON

Nom scientifique : *Smilodon*
Taille : 1,7-2,5 m de long
Alimentation : grands mammifères, y compris chevaux, paresseux terrestres, bisons et chameaux
Habitat : prairies et pampas
Répartition : Amérique du Nord et du Sud
Période : Pléistocène (1,75 Ma–10 000 ans)
Genres proches : *Megantereon, Paramachairodus*

Deux apophyses prolongeaient le menton. Thylacosmilus s'en servait peut-être pour guider ses crocs en forme de sabre dans le corps de ses proies. Ces apophyses protégeaient les dents lorsque les mâchoires étaient fermées.

Contrairement à celles des félins, les griffes de Thylacosmilus n'étaient pas rétractiles. Ses membres étaient puissants et l'aidaient probablement à plaquer ses proies au sol.

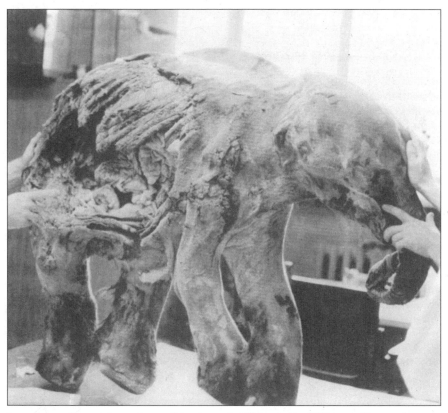

Les mammouths sont les ancêtres préhistoriques des éléphants. En 1977, on a découvert les restes congelés d'un bébé mammouth dans un site archéologique du nord-est de la Sibérie. Les archéologues croient que l'animal est mort il y a environ 10 000 ans. Après qu'on l'aura bien étudié, le mammouth sera empaillé et exposé dans un musée de Russie.

renaitrait, reprendrait toute sa diversité, sa splendeur et une nouvelle évolution réapparaîtrait assurément. D'autres créatures émergeraient de la croute terrestre invariablement. S'il y a bien un domaine de recherche ou nous ne pouvons rien affirmer ou confirmer en ce sens, c'est bien l'avenir dans 1000, 10 000, 100 000 ou 1 million d'année. La grande architecte à encore des surprises… l'intelligence qui vit, qui * sévit l'univers !

---

* Voir la grande hécatombe
** Voir notes de l'auteur

II- L'existant, de toute existence

Dans l'ordre existentiel universel, à ce propos voyons « L'univers et ses constituants » chap; 15

III- Les coexistants

Le mot d'ordre, la circonspection, quand à d'hypothétiques coexistences tels : l'antimatière et les antiparticules, l'énergie sombre, la matière noire, les trous noirs. Certains relativismes aussi, notamment la relativité restreinte que nous verrons ultérieurement, ainsi que certains phénomènes paranormaux ou parapsychologiques. Les chaos, le hasard sont de l'ordre des coexistants dans l'univers, comme sur terre et dans la matière, ses composantes, ses réactions et interactions. Les esprits, le surnaturel et le paranormal, en ce qui à attrait au réel prouvé comme tout phénomène existant ou se produisant, mais inexplicable ou sujet à controverse tel le spiritisme ou autre science occulte, qui sont sujets eux aussi à une présumée « coexistence relative ».

V- Les inexistants

Les inexistants sont nombreux la science fiction, la mythologie, l'ufologie, certaines sciences occultes, on émet même des hypothèses scientifiques qui relèvent de l'inexistence présente et future comme la régression et transgression temporelle ; voyager dans le temps via des vitesses avoisinant ou atteignant la vitesse de la lumière « Hominis erratum » disons, en l'occurrence ; l'erreur est humaine. La rectification théorique et sa suite pratique, dans l'ordre existentiel, voyons la « relativité » exposée sous diverses formes ; la relativité générale, la relativité continuelle, la relativité restreinte qui n'est qu'illusion d'optique à grande échelle. Le vecteur lumineux variable (vitesses avoisinant ou correspondant à la vitesse de la lumière), donnent à l'effet trompeur dû à leur interférence Réciproque. Le décalage luminescent comme l'effet doppler sur la fréquence vibratoire à des référentiels en mouvement apparaît différer. Mais il en est rien, en rapport au temps universel (TU). La science fiction, la mythologie ont créé, imaginé d'innombrables créatures ou pouvoirs imaginaires. La liste serait longue, de tous les nommer : des sorciers, et leurs pouvoirs d'envoûtement, vaudou, vampires, dragons, anges aillés, démons cornus, « Alliens » de l'Espace, extra-terrestre en tout genre, s'ils sont

Les scientifiques de l'expédition du Loch Ness s'apprêtent à descendre dans l'eau une caméra automatique, qui prend une photographie toutes les 15 secondes.

Cette célèbre photographie du monstre du Loch Ness datant de 1934 était fausse. Les chercheurs ont dit que Robert Wilson, un physicien anglais, avait admis peu avant sa mort qu'avec la complicité d'amis il avait créé « Nessie » à partir d'un sous-marin miniature surmontée d'une tête et d'un cou en plastique. Wilson avait ensuite photographié le monstre en train de nager dans le lac. Lorsque la photo fut publiée, de nombreuses expéditions scientifiques furent mises sur pied afin de trouver Nessie.

Satan (M. Pacher, St-Wolfgang, Munich)

«inexistants» dans la réalité souvent des personnes en arrivent à croire à toute sorte d'amalgame phobique, impulsives et émotives, instinctives et dur à maîtriser comme si l'intelligence neuronale cervicale était hypnotisé ainsi que la conscience profonde de ces sujets. On assiste à une véritable déconnexion de la réalité souvent occasionné ou amplifié par la prise de stupéfiants ou calmants etc. Même un endoctrinement assidu peut mener à un résultat similaire, sorte d'auto hypnose, de religiosité amenant à croire à des états inexistants comme la réincarnation, le karma, le vaudou, l'envoûtement etc. Des états de fait inexistant : La crédulité et la croyance amènent l'individu à croire en l'existence de certains états de fait, imbibé, leur état d'esprit, leur psychisme, inconsciemment s'assujetti à des croyances erronées, fantasmagoriques. Selon Ken Wilber «les religions, en raison de leurs fondements mythiques ; une projection de croyance dans un ciel supérieur, invérifiable et par conséquent inattaquable, vivent encore, dans un monde médiéval ou pré moderne, c'est-à-dire opposé au monde séculier, démocratique et individuel.». La théologie s'appelle pourtant une «science», alors qu'elle défend simplement des «vérité» établies à priori qu'elle ne remet jamais en question et qu'elle s'est même empêchée de pouvoir remettre en question. Alors qu'en science véritable, tout doit pouvoir l'être. «C'est ce qui s'appelle une attitude fondamentaliste, qui est, du reste, toujours dogmatique puisqu'elle exige l'appartenance totale, l'adhésion absolue et même la croyance naïve (modelée sur des histoires du père noël et d'autres contes de fées). Tout comme les totalitarismes politiques qui les imitent ou s'en inspirent, les religions installées sont fondées sur des mythes perçus comme des vérités absolues ou des faits historiques indiscutables. Dans les systèmes de croyances établis, les réponses arrivent toutes faites (se sont les textes dits sacrés ou révélés). Ces écritures qu'elles soient religieuses ou marxistes, considérées comme venant de la bouche même du tout puissant, ou de l'histoire avec majuscule, sinon simplement du parti et son chef, ne laissent aucune place au questionnements, au doutes ou aux critiques. Les religions installées ont toujours refusé l'appel à l'autonomie personnelle et à l'attitude démocratique. Se réclament d'une autorité supérieure, suprême, elles ont constamment méprisé les autonomies d'en bas, et exigé une obéissance absolu, sous peine d'une exclusion éternelle ou d'une condamnation à mort. Or ces croyances, basées sur des préjugés érigés en certitude et sur une fuite continuelle de la critique, ne pourront s'entendre avec la mentalité du troisième millénaire» (Placide Gaboury 2000)

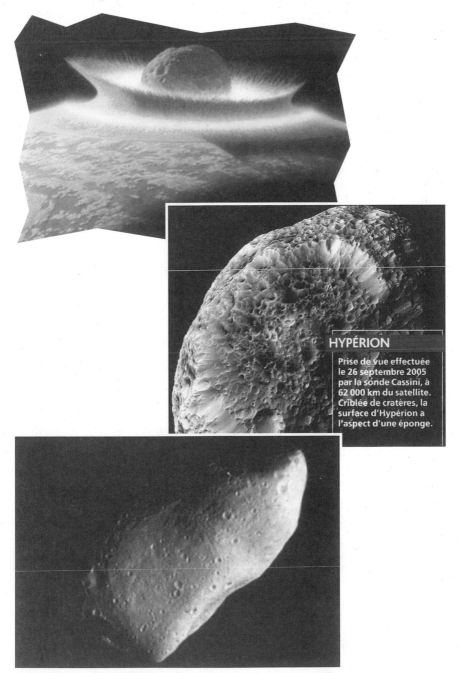

HYPÉRION

Prise de vue effectuée le 26 septembre 2005 par la sonde Cassini, à 62 000 km du satellite. Criblée de cratères, la surface d'Hypérion a l'aspect d'une éponge.

Détecté par la sonde Galileo en route vers Jupiter, en octobre 1991, l'astéroïde Gaspra mesure une vingtaine de kilomètres de long.

La grande hécatombe

On dit qu'un astéroïde entré en collision avec la terre il y a quelque 65 millions d'années a provoqué l'extinction des dinosaures. Les chercheurs croient maintenant que des êtres vivants auraient ainsi été détruits à deux reprises. La première collision, il y a quelque 250 millions d'années, a même été pire que celle qui a exterminé les dinosaures. À cette époque, tous les continents étaient soudés en une masse unique appelée Pangée, couverte de forêts de fougères et de conifères géants. Insectes, amphibiens et petits reptiles peuplaient cette terre. Les mers étaient remplies de poissons, mollusques et crustacés, et de 15 000 différentes espèces de trilobites, animaux étranges qui ressemblaient à des blattes géantes. Puis, seulement 8 000 ans plus tard, presque toutes ces créatures avaient disparu. Cette grande hécatombe est l'un des grands mystères du passé de la terre. Mais, en 2001 des scientifiques ont trouvé ce qui pourrait être la clé du l'énigme. D'après leurs recherches, l'extinction a commencé lorsqu'un astéroïde s'est abattu sur la terre, déclanchant une série de catastrophes terribles. L'astéroïde faisait de 6 à 13 kilomètres de diamètres. Il a frappé la planète avec une force inouï, soulevant un immense nuage de poussières dans l'atmosphère. L'impact a déclanché des éruptions volcaniques massives qui ont déversé suffisamment de lave pour en recouvrir la Terre d'une couche épaisse. Les cendres produites par les éruptions ont rempli l'air, voilant ainsi le soleil. La Terre est devenue sombre et froide. Le froid et la noirceur ont duré des siècles. Les niveaux de la mer ont changé, de même que la teneur en oxygène des océans. Les plantes et les animaux qui n'ont

Météorite

pu s'adapter à ces changements se sont éteints. Près de 90% des espèces animales peuplant les océans, dont tous les trilobites, disparurent. Il en fut de même pour 70% des vertébrés terrestres. On ignore où l'astéroïde a frappé. On n'a pas localisé de cratère d'impact, mais on a trouvé des «cartes de visite» laissées par l'impact. Dans des roches vieilles de 250 millions d'années provenant de différents endroits du globe, on a trouvé des molécules de carbone complexes en forme de microscopiques ballons de soccer. Emprisonnées dans ces ballons de carbone, se trouvaient des formes inusitées d'argon et d'hélium, qui ne se créent qu'à l'intérieur des étoiles. Les chercheurs sont d'avis que ces ballons ont dû se former dans l'espace et être transportés sur la Terre dans une comète ou un astéroïde. Cette collision a failli éliminer la vie sur la terre. Mais quelques êtres vivants ont survécu et, plus tard, de nouvelles espèces de plantes et d'animaux se sont développées. Les dinosaures étaient du nombre. Ils régnaient en maîtres jusqu'à ce que le second astéroïde frappe! Des chercheurs de la NAZA ont prévue une autre collision provenant d'un astéroïde; le 1950 DA, dans 800 ans qui provoquerait l'extinction de la vie sur terre. Ce qui ne serait pas la première fois comme on peut le constater. Prophétie de malheur ou constat scientifique, hélas je ne puis porter foi à de telles insinuations même des chercheurs de la NAZA et tout leurs instrumentations de fine pointe. Qui vivra verra! * D'un autre point de vu, notre vie, la planète ne tient qu'à un fil; le soleil notre élément majeur. Les astéroïdes, météorites, tant d'éléments hors de notre portée... Mais savez-vous présentement le plus grand danger qui se manifeste en ce moment; l'autodestruction. La course à l'armement, la destruction de l'environnement, de la biosphère, la pollution des écosystèmes, le réchauffement climatique. Tous ces dangers risquent de ruiner la planète, ou une troisième guerre mondial peut-être, avec tout l'arsenal destructeur nucléaire, toujours grandissant, les nouvelles armes chimiques, bactériologiques, même certains prétendent avoir en main une arme absolue; l'antimatière... Alarmiste, non, il y a assez de prophètes de malheur et de guerres qui sévissent en ce début du nouveau millénaire. Le nouveau millénaire sera révélateur, merveilleux ou lamentable et perfide, fantastique ou apocalyptique. «La fin des temps», cette expression souvent employée, que veut-elle dire exactement? Voici une métaphore, comme une page de livre, notre temps, se situe. Une page a été tournée, celle de l'URSS, la notre, «notre page», un jour sera l'histoire et jusqu'à la dernière page de notre livre; la fin des temps. Après nous, même si notre planète Terre, ou notre soleil se consumerait, il viendra d'autres systèmes, vies, ne serait-ce que dans des millions ou milliards d'années à venir. Nous ne sommes qu'une page (notre temps) de ce grand livre sans commencement et sans fin...

---

*Les mouvements galactiques encore inconnus, dans leur ensemble, leurs effets gravitationnels variables ou inattendus tels l'anomalie pionner 10 et 11, ces deux sondes qui chaque année décalent de leur trajectoire d'un quart d'heure! D'autre sondes aussi se comporte différemment, leur vitesse augmente, plus que prévue. Les comètes subissent les mêmes variations inexplicables. Ces décalages encoe inexpliqués, nous prouvent que sur une période de 800 ans, le fameux astéroïde 1950 DA qui derait percuter la terre et par conséquent; anéantir toute vie, n'est que spéculation hypothétique!

Les galaxies tournent plus vite que prévu par la relativité générale. Jusqu'ici, les théoriciens faisaient avec mais l'anomalie Pioneer change la donne.

L'ATTAQUE DES ROCHES MEURTRIÈRES

Il y a près de 65 millions d'années, à l'époque où les dinosaures erraient sur la Terre, il se pourrait qu'un immense objet venant de l'espace se soit écrasé sur notre planète et ait provoqué de gigantesques tremblements de terre et raz–de–marée. Des quantités importantes de poussières ont été projetées dans l'atmosphère terrestre, voilant ainsi la lumière du Soleil. Sans celle-ci, les plantes et autres aliments dont se nourrissaient les dinosaures ont péri. Les dinosaures ont disparu, selon cette hypothèse scientifique, car ils sont morts de faim.

Si cela a pu arriver aux dinosaures, est–ce que ça pourrait nous arriver un jour? Quelles sont les probabilités que la Terre entre à nouveau en collision avec une roche meurtrière? Plutôt grandes, selon certains scientifiques.

En plus des planètes, il y a des astéroïdes et des comètes en orbite autour du Soleil. Si l'orbite de la Terre ne croise jamais celle des autres planètes, elle croise en revanche celle de quelques astéroïdes ou comètes. Si la Terre et l'un de ses objets devaient se retrouver au même endroit au même moment, ils entreraient inévitablement en collision. C'est venu bien près d'arriver en 1989 quand un astéroïde d'environ 1 kilomètre de largeur a croisé l'orbite de la Terre au point précis où cette dernière se trouvait six heures plus tôt.

Les scientifiques ont découvert environ 150 astéroïdes qui croisent l'orbite de la Terre, mais ils croient qu'il pourrait y en avoir plus de 4 000. S'ils ne s'entendent pas sur la fréquence de telles collisions, ils croient toutefois qu'elles se produisent chaque 300 000 à 1 000 000 d'années.

Même si nous savions avec certitude quand une collision allait survenir, que pourrions–nous faire? Certains proposent que nous lancions des bombes nucléaires contre l'objet en question afin d'essayer de modifier sa trajectoire. Est–ce que cela fonctionnerait? Comment faire pour éviter les roches meurtrières venues de l'espace?

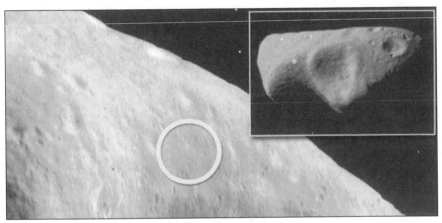

NEAR Shoemaker est devenu le premier engin spatial à atterrir sur un astéroïde lorsqu'il s'est posé sur Éros (en médaillon). La zone encerclée sur la photo ci-dessous indique où la sonde spatiale robotique a atteri.

Théories relativistes et la relativité continuelle

Nouvelle théorie relativiste de l'OCU

Théorie de la relativité : ensemble des relations exprimant l'invariance des lois naturelles par rapport aux changements de référentiels spatiotemporels.

Relativité restreinte : postulant que la vitesse de la lumière reste identique et finie dans les systèmes de référence doués d'inertie qui se déplacent avec une vitesse constante les uns par rapport aux autres. Et que le temps ne s'écoule pas de la même manière, selon que l'on reste au repos, ou que l'on se déplace avec des vitesses assez proche de celle de la lumière.

Relativité générale : qui étend les lois d'invariance à des référentiels en mouvement accéléré quelconque les uns par rapport aux autres ; d'après la théorie de la relativité générale. Les masses de l'univers imposent en leur proximité une courbure de l'espace-temps. Voici un énoncé, du physicien, Johann Soulas : « l'observation de départ est simple. Tout l'univers observable, et même l'« inobservable », est sous l'égide de deux paramètres et seulement de deux : Le temps et l'espace. Il convient donc de formaliser, dès le départ l'espace-temps afin de l'appliquer dès que possible aux phénomènes du vivant. Cette application ne sera possible que si l'on détermine de quoi l'espace et le temps sont faits. »

La «relativité continuelle» du continuum spatio temporel universel s'inscrit dans cette approche novatrice cosmologique et phénoménologique. La relativité continuelle, c'est le vecteur «unifiant», dans la continuité; multidimensionnelle, omnidirectionnelle, exponentielle, intemporelle (universellement). Ces quadrivecteurs sont inhérents au concept dit, «le continuum spatio temporel».

Références et suggestion de ces sujets et propos; science et vie, l'espace-temps, et s'il fallait tout reprendre à zéro? No: 1068 sept 2006. Une sonde défie l'espace et le temps, no: 1072 jan 2007. Temps, espace... des notions à réinventer no: 1057 oct 2005. La géométrie de l'espace, dans: le ciel et l'univers, encyclopédie universel Gallimard, Paris.

Nouvelle théorie relativiste de l'OCU

La relativité continuelle, du facteur temps. Le temps, de l'ordre initial donné à évolué lui aussi cependant il demeure de nature physique (calculable, précis, invariable et de nature scientifiquement applicable, il est aussi de nature métaphysique, car il n'a ni commencement ni fin. Défini surtout en trois éléments distincts, le passé, le présent et le futur. Le soleil, premier repère de l'homme lors de sa prise de conscience initiale du temps (l'ordre donné). Longtemps le soleil servit à l'humain pour temporiser son existence matérielle. De même la multiplicité omnidirectionnelle multidimensionnelle suggère; l'infini, comme le temps. Cette même multiplicité, omnidirectionnelle et multidimensionnelle certifie l'incommensurabilité de l'espace et du temps; l'espace-temps, le continuum spatio-temporel. D'où l'on ne peut que se résilier à des référentiels et vecteurs qui sont en perpétuelle « relativité continuelle ». Notre appréciation du temps présent est toujours « relative » car le présent est sujet à variante multiple. Le présent ce temps qui se situe soi en année, en minute ou seconde si l'on veut. Le temps présent peut même se prolonger sur dix ou vingt ans, voici l'exemple le plus explicite : « présentement » nos connaissances actuelles ne nous permettent pas de fabriquer un astronef fonctionnant à l'antimatière ou à l'énergie nucléaire (propulsion nucléaire pulsée). Le présent comme on peut le constater varie d'une situation; à une constante variable. Comme à l'inverse le présent peut se référer à la minute à la journée même à la seconde.

L'espace temps

Espace temps, concept par lequel on lit étroitement les repères du temps et de la situation d'un événement perçu par un observateur en présence d'un événement l'observateur a la sensation qu'il est local (action de toucher un objet par exemple) ou lointain (perception d'un éclair). De cette sensation nait la notion d'espace mais si l'observateur perçoit l'événement «lointain», c'est qu'il en reçoit un message. Or ce message met un certain temps à lui parvenir. Il y a donc décalage entre la perception de l'événement et l'Émission de message. Ce message constitu pour l'observateur, la seule garantie de l'événement. On conçoit dès lors que les notions de temps et d'espace sont étroitement liées et que situer un événement c'est lui donner simultanément des coordonnées de temps et d'espace.

La relativité restreinte

De l'ordre des « coexistants », la relativité restreinte se situe. La courbure espace temps, les régressions et la transgression temporelle se distinguent, car elles ne sont pas du temps réel, continu, absolu. À tous ceux qui ont cherché « la loi unique de l'univers », cette loi unique universelle, quantificative est d'une relativité continuelle, omnidirectionnelle, exponentielle, multidimensionnelle, contigüe. À l'ordre céleste universel. La relativité restreinte est de l'ordre des « coexistants » car le facteur temps réel, absolu, continu car la courbure espace-temps proposée, ne peut altérer, restreindre ou changer. La lumière, la matière dans leur course respective qui converge à des vitesses que leur ordre de consistance leur permet d'obtenir, la vitesse de la lumière ne peut se comparer à toute matière même à l'extrême limite de leur vitesse obtenue.

La transformation de coordonnées, et du temps lorsque la vitesse est proche ou atteint « C » 299 792458 m/s, soit à peu près 300 000 k/s, la vitesse de la lumière ne peut s'appliquer qu'aux photons, rayons : flux lumineux, aux mésons, aux quanta particules de noyaux atomiques, (les nucléons). Le probant de cette relativité « coexistentielle » à l'ordre temporel absolu dont la preuve nous est fournie à l'aide d'accélérateurs de particules, expérimentalement vérifiable. On appellera quadrivecteur un vecteur à quatre dimensions dont les données se transforment dans un changement de référentiel. Ces facteurs quantiques se situent dans l'ordre existentiel ; comme étant des « coexistants ». Les Quanta ; la discontinuité du spectre de l'atome d'hydrogène, l'effet photo électrique, effectuent leur transfert d'énergie non pas de façon continue, mais mettent en jeu, des quantités définies d'énergie, de «grains» d'énergie appelés quanta. Ce qui nous démontre que dans le cadre de l'espace et du temps continu et qu'adapter la description de ces phénomènes physique à notre échelle est inapproprié, d'où leur «coexistence propre».

La mécanique quantique

La mécanique quantique, selon Lucien Hardy, physicien (Canada) serait une théorie des probabilités généralisées. Le chercheur part d'une définition minimale du travail du physicien : il doit corréler les données à fin de déterminer les probabilités associées à tous les résultats possibles des mesures qu'il peut réaliser sur un système. Je n'ai jamais rencontré quelqu'un qui ne soit pas d'accord avec cette définition, assure-t-il, le causaloïde : nouvel objet fondamental de la physique ? *« Je suis parvenu à montrer comment la mécanique quantique peut être représentée par un causaloïde particulier, explique-t-il. Et je pense qu'il est possible de reformuler ainsi la relativité générale ce formalisme sera très puissant car les équations qui le régissent sont les mêmes pour les théories classiques, quantique et relativiste. La seule différence étant contenue dans la spécification du causaloïde lui-même. »*

La théorie des quanta permis à Niels Bohr de construire son modèle d'atome, ce qui ouvrit la voie à la physique atomique moderne. C'est ainsi qu'on parvient à montrer que notre cadre de l'Espace et du temps, et surtout notre notion de la continuité ne nous permettent pas de décrire complètement l'état d'une particule prise isolément. Les mouvements des particules jouissent d'une certaine liberté leur attribuant ainsi leur état coexistentiel à la relativité continuelle. Le relativisme « indépendant » dans le concept global de la relativité générale d'un point de vue universel n'entrave en rien la notion de continuité dans le temps et l'Espace. Terminons sur une note philosophique : tout est relatif !

Par la magie de l'imagerie numérique, et grâce à la superposition de vingt photographies, voici la Voie lactée comme si nous l'observions de loin, depuis un hypothétique vaisseau spatial... Sur cette image, prise avec un objectif de 10 mm de focale, offrant un champ de 180°, notre galaxie est vue d'un horizon à l'autre, sur plus de 50 000 années-lumière! Au centre, apparaît l'épais bulbe arrondi, peuplé de dizaines de milliards de vieilles étoilés. Ce bulbe est barré en son centre par le disque galactique, riche de jeunes étoiles supergéantes, de nébuleuses et de nuées interstellaires obscures.

La Voie lactée : une galaxie comme les autres

Longtemps présentée comme un modèle de galaxie spirale, notre galaxie contiendrait en réalité une gigantesque barre d'étoiles en son centre. C'est ce que viennent d'établir Ed Churchwell et ses collègues de l'Université de Wisconsin-Madison. À l'aide du télescope spatial infrarouge *Spitzer*, ils ont recensé la position, et le mouvement global de plus de 30 millions d'étoiles dans la région du centre galactique. L'infrarouge permet de dévoiler ces régions centrales, rendues impénétrables à la lumière visible par l'abondance de poussière.

Le tableau qui s'est dessiné au terme de ces mesures confirme les précédents soupçons : au centre de notre galaxie se dresse un mur d'étoiles de 27 000 années-lumière de longueur, orienté à près de 45 degrés par rapport à la ligne joignant le Soleil au centre galactique.

Les bras de la Voie lactée ne se déploient donc pas autour d'un point central, mais à partir des extrémités d'une barre. La majorité des galaxies spirales présentent une barre plus ou moins marquée en leur centre, résultant sans doute d'instabilités dans le disque initial et d'interactions gravitationnelles entre le bulbe et le disque. La Voie lactée, galaxie banale, n'échappe pas à cette règle.   Ph. R.-G.

Soleil

NASA-JPL-Caltech (SSC Caltech)

La cosmologie

La relativité continuelle est une constante en cosmologie, l'ordre préexistentielle. L'expliquer; ses tenants, avenants et aboutissants, d'autant plus que c'est se mesurer au dépassement de tout entendement. Les forces et énergies en présence constante, inertes et en mouvance dans l'Espace, l'univers disposant d'un facteur synergique exponentiel, multidimensionnel, qui dépasse tout encadrement. C'est à ce point donné que la cosmologie essaie, nous signifiant par explicative significative les mystères que nous n'avons pas de réponses ou seulement des hypothèses comme le Big Bang, la création, version biblique et Dieu ou les «intelligences suprana- turelles».

L'univers et ses constituants

L'univers et ses constituants, dans l'ordre existentiel, englobe la totalité existante préexistante, coexistante; des éléments et matières connues et inconnues et ce partout ou se situe quelconque matière ou élément structurant, ou composant un ensemble viable ou non. Du microcosme infinitésimal au macrocosme, l'univers étant infini par extension du vide spatial, sa continuité dans le cosmos est une constante, une logique mathématique. Indéfini de par notre exploration, à ce jour, il n'induit pas moins l'existence de tous les systèmes planétaires galactiques, connus et inconnus dans le temps présent, passé et futur. L'univers possède la notion d'un temps propre, « l'éternité » nous ne pouvons que nous « situer » dans l'univers; l'univers étant un continuum spatiotemporel exponentiel, multi-dimensionnel, omnidirectionnel et éternel. L'univers dispose d'un facteur synergique exponentiel et multidimensionnel incluant les énergies et phénomènes en tout genre, d'aspect physique ou métaphysique; relatif au tout existentiel ou supranaturel. Tous les êtres vivants, humains, animaux, végétaux, créatures multicellulaires font parties de l'univers incluant les esprits, le surnaturel, les manifestations, ces ensembles. D'un point de vue général, l'univers ne serait pas le fruit du hasard, mais d'un grand architecte, Dieu.* Du

---

* Dieu : voir chapitre 37 Dieu existe-t-il?

* La paraconceptualisation absoluité, voir chapitre 31

* Le Big Bang, voir chapitre 20

début des temps, à la formation des planètes, la cosmologie de
«l'ordre céleste universel» préconise une formule explicative; la
*paraconceptualisation absoluité. Le fruit d'une intelligence
supérieure supranaturelle dont la portée nous échappe, et son essence
même. Des scientifiques et physiciens présupposent une formule dite
le Big Bang, pour expliquer la présumée naissance de l'univers, et ce
par pur hasard fortuit. Ce que certains croient, à un univers chaotique,
disons plutôt que les phénomènes chaotiques coexistent à l'ordre
céleste universel ainsi que certains hasards, ils reflètent notre
incompréhension devant tant de mystères et d'énigmes. On en arrive
à l'omniscience. La seule et uniques réponse valable, véridique et sans
conteste, c'est qu'il doit et qu'il y a, au-delà de tout ce que l'on peut
se concevoir ou s'imaginer, une intelligence supérieure, grande
architecte de cet univers et de ses manifestations.

Le chaos et l'ordre

Jamais, seul le chaos sans la subtile intervention d'un ordre qui mit en œuvre la création de notre monde et ses êtres. Jamais le résultat d'une explosion (le big bang) sans une intelligence prédominante, n'aurait résulté de ce que nous sommes. Le résultat d'une explosion, fusion et réaction en chaîne, rien, non rien plus aucune énergie, rien n'aurait subsisté, seulement de la poussière et des particules à la dérive dans le cosmos, l'espace. L'ordre se fit même dans ce chaos infinitésimal et d'une échelle de grandeur sans fin, l'univers. L'ordre céleste universel règne et règnera pour toujours.

La création de l'univers, comprise dans sa dimension infinie, omnidirectionnelle et intemporelle comporte un élément énigmatique, nommons le, l'élément mystère. Le comprendre et l'accepter, est primordial, vaut mieux s'avouer, démuni, pantois, devant tant de mystères, que d'exposer des théories ou explication qui ne sont en réalité que tentative, de comprendre. L'acceptation de l'humain face à cette réalité ou son refus ; s'en suit une réaction, une interprétation de la vie, de tout, qui varie en fonction de cette croyance de base, ou un disfonctionnement de la pensée amenant à de fausses théories. Comme ces chercheurs, perdant leur temps et énergies à la recherche d'extraterrestres, ou ces religieux de religions, voués à un ou des dieux, ayant des visées d'esprit cataclysmique. Nul personne ou groupe quel qu'il soit, n'a jamais réussi à percer les mystères de la vie, de l'au-delà, de l'univers, notre merveilleuse technologie nous apporte de bien belles découvertes, bien entendu, plus on s'éloigne plus nous évoluons, plus nous apparaît incommensurable le « mystère » de cet univers à nous simples mortels ! C'est pourquoi il est si important d'accepter cette prémisse existentielle ; le mystère perdure et perdurera.

L'ordre cosmique, dans lequel nous vivons, le mouvement perpétuel de la terre et ses proches planètes voisines, leur interférence gravitationnelle, cet ordre parfaitement synchronisé, tout ce système si complexe, avec le soleil ; source de vie, serait le fruit du hasard ? Un Big Bang dans l'espace, plutôt un big bang dans l'univers voyons donc, l'ordre parfait, l'intelligence dont il faudrait être muni pour tout comprendre, tout concevoir et créer l'univers qui se perpétue bien au-delà de nos connaissances, ne peut être le fruit du hasard, d'un Big Bang ; un grand boum. C'est l'œuvre de création, de l'ordre céleste universelle, le fruit de l'intelligence suprême, initiatrice de tout : de paraconceptualisation absoluité.

Le télescope spatial Hubble, *qui pèse 11 600 kilogrammes et coûte 1,55 milliards de dollars, est lancé en orbite par la navette spatiale* Discovery *le 24 avril 1990.*

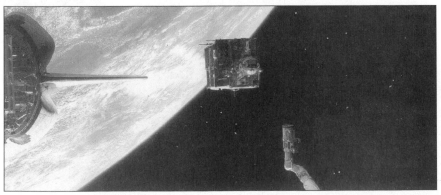

Le Canada a été le troisième pays au monde à lancer un satellite et le premier à utiliser un satellite commercial.

La science
à bon escient

Lorsque l'on constate que l'avancement de la science, des sciences, n'est pas toujours bénéfique, voir même néfaste, les progrès technologiques, si ils ne servent qu'à ruiner la planète, exploiter à outrance les ressources naturelles, qu'à polluer, pour enrichir des multinationales, alors on peut dire que l'on fait mauvaise usage de la science. Quand l'on constate cette course aux nouveautés technologiques à tout prix, quand le but est de devancer ses pairs ses voisins c'est dévier la science de son but premier, noble qui doit être; servir l'humanité la vie, universellement et non être au service de conglomérats ou multinationales qui ne cherchent qu'à faire des profits. Bien sûr travailler et être payé occasionne des hommes et femmes de science, comme l'ouvrier qui construit le char d'assaut ou les armes, à faire ce qu'on lui demande et ce pourquoi ils sont payés. Le pur esprit scientifique, détaché, oui il en existe, qui font avancer la science comme il y en a qui bernent, profitent, mentent, s'enrichissent impunément en son nom. Comme le dis si bien, naïvement cette auteure d'ésotérisme et spiritualité: Rosy Porrovecchio: « Vous m'avez appris que l'intelligence sans amour peut détruire toute une planète ». Le Dalaï-lama dans son approche d'une éthique pour le nouveau millénaire, nous dit; (avec la conscience des conséquences de la guerre, le concept d'activité militaire et de destruction devient périmé peu à peu, le monde devrait se libérer de tout gouvernement militaire, nous devrions pouvoir vivre dans un monde totalement démilitarisé, ce sera notre but lointain.) Les savants qui travaillent dans le domaine militaire et qui jusqu'à présent concentrent leurs efforts sur la destruc-

SELON LE PATRON DE LA NASA

La navette spatiale et l'ISS sont de coûteuses erreurs

Washington (AFP) — Le patron de la NASA a eu des mots très durs pour la navette spatiale et la Station spatiale internationale (ISS) qu'il voit comme de coûteuses erreurs stratégiques dans un entretien publié hier, semant le doute sur la volonté américains de faire revoler la navette.

Interrogé par le quotidien USA Today pour savoir si la décision de la Nasa de construire la navette dans les années 70 pour succéder au programme Apollo avait été une erreur, Michael Griffin a répondu: «À mon avis c'en était une. Sa conception était extrêmement osée et à la limite du possible.»

«Ce n'était pas la bonne voie, c'est désormais largement reconnu», a poursuivi le patron de la NASA qui n'a pas été plus tendre pour l'ISS. «Si j'avais eu à prendre la décision, je n'aurais pas construit la station spatiale sur l'orbite où nous la construisons», a-t-il dit.

La navette, qui vole depuis 1981, a connu deux accidents majeurs, en 1986 avec l'explosion de Challenger et en 2003 avec la désintégration de Columbia, coûtant la vie à 14 astronautes. La NASA a également frôlé la catastrophe durant une dizaine d'autres vols. Tirant les conclusions du vieillissement de la navette, le président George W. Bush a décidé de cesser ses vols en 2010.

L'accident de Columbia a suspendu les vols pendant deux ans et demi. Les nombreux problèmes rencontrés pour remettre la navette en service durant l'été 2005 avec le vol de Discovery ont donné des arguments aux partisans d'un abandon pur et simple de l'orbiteur, au bénéfice d'un véhicule de remplacement, dont le design a été annoncé à la mi-septembre par la Nasa.

Ce véhicule d'exploration avec équipage (CEV), dont les moteurs et le réservoir externes seront dérivés de la navette, doit voler à partir de 2012 mais pourrait être prêt plus tôt si la Nasa renonçait à lancer la navette et mettait les bouchées doubles sur son remplaçant.

Pour l'instant, le patron de la Nasa s'en tient au plan d'origine. Il a estimé la semaine dernière que la navette pourrait revoler à partir de mai 2006 pour 17 millions vers l'ISS et une autre pour l'entretien du télescope spatial Hubble d'ici à 2010. Mais «bien entendu, si d'autres problèmes surviennent, nous réévaluerons les choses», a-t-il dit dans un entretien au Washington Post le 22 septembre.

M. Griffin n'a pas caché qu'avec le passage du cyclone Katrina, la navette avait été sauvée de justesse par le dévouement du personnel de la Nasa dans ses installations de Louisiane et du Mississippi, où sont construits les moteurs et le réservoir externe de la navette.

Sans le travail de l'équipe sur place, la navette n'aurait peut-être «jamais plus volé», avait confié M. Griffin.

Cette perspective, qui priverait les États-Unis d'un accès à l'espace pendant plusieurs années et les forceraient à s'en remettre aux Russes pour ravitailler l'ISS, est de plus en plus ouvertement évoquée au Congrès, qui détient les cordons de la bourse et approuve chaque année un budget de plus de 16 milliards de dollars pour la Nasa.

Voici à quoi ressemblera la Station spatiale Internationale *lorsqu'elle sera achevée.*

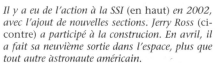

Il y a eu de l'action à la SSI (en haut) en 2002, avec l'ajout de nouvelles sections. Jerry Ross (ci-contre) a participé à la construcion. En avril, il a fait sa neuvième sortie dans l'espace, plus que tout autre àstronaute américain.

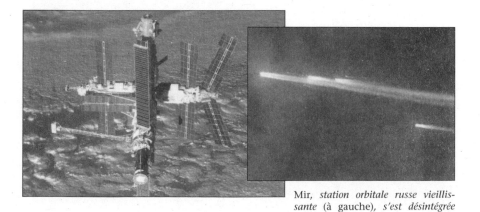

Mir, station orbitale russe vieillissante (à gauche), s'est désintégrée lors d'une descente contrôlée vers la Terre (ci-dessus).

tion pourraient consacrer les ressources de leurs cerveaux à un domaine plus constructif. À cela nous devons penser selon ces critères, si nous voulons, nous nous sentons concernés par le bonheur et le bien de l'humanité à l'avenir.

Quand l'homme perd la raison, perd l'esprit, qu'il fait la guerre, la destruction, alors c'est la dérision, le désordre, il entre alors dans l'ordre du fictif, «folie», la folie non apparente, «La science fiction» domine ses pensée. Comme ceux qui voudraient implanter la vie sur mars, car seulement, le fait d'y aller et revenir relève de la science, fiction. Ce serait tout un exploit d'aller sur mars et d'y implanter une base permanente. Cette «possibilité» théorique, n'en demeure pas moins de nos jours; de la science fiction. Je suis persuadé que plusieurs génération continueront de rêver, à de tels projets futuristes, mais ne croyez vous pas qu'il aurait d'autre projet à réaliser «sur terre» en réalité? Mais quitter la réalité est alléchant, la science fiction est une belle échappatoire, les films de science fiction n'ont pas tant de succès pour rien! Comme les substances (drogues et boissons) ont beaucoup de succès elles aussi. Fuir la réalité; au lieu de fuir la réalité, faisons de notre monde réel une réalité ou l'humain sera heureux d'y vivre, au lieu de consumer la planète et chercher ailleurs à recommencer!

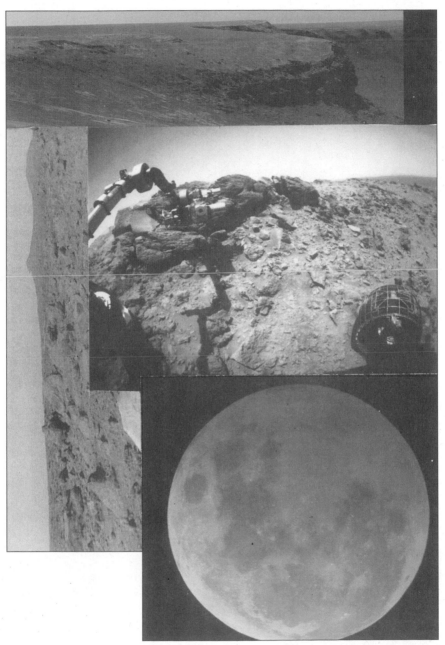

À l'assaut de Mars — L'image d'astronomie du jour - APOD

La bannière étoilée a été plantée pas moins de... six fois sur la Lune.

FAMILIAR TURF
James Irwin saluting
the flag on the 1971
Apollo 15 mission

Planter un drapeau

«Mission to mars», un grand projet, toute une prouesse scientifique. Lorsque les Américains réussiront à planter leur fameux drapeau sur mars... Mais à quel prix c'est leur argent, rhétorique exacte, je l'admet mais ce sont les ressources planétaires, calculez le prix de cette expédition comparée à son utilité et son apport scientifique; très peu. Les *robots, nous ont grandement renseigné sur cette boule inerte sans vie, figée dans le temps et sous le couvert de l'exploitation spatiale ne se cache-t-il pas une tentative de main mise sur notre espace environnant en collusion militaire. Emblématique surtout, symbolisant la supériorité nationale de leur pays, ce voyage aller et retour mettrait leurs institutions, la Nasa, le GV au pouvoir, à l'avant-scène mondiale. Ce serait flatteur à leur «ego». Mais serai-ce un apport à la science, la science à bonne escient, j'en doute. Je n'y vois que du gaspillage d'énergie, de ressources, tant de technologies, de scientifiques qui pourraient travailler à des projets bien plus valable à leur pays tout simplement.

Mais à quoi servent les astronautes?

Qu'apporte à l'humanité de tourner au-dessus de la terre dans des capsules, sinon aux industries spatiales et électroniques de progresser, sous couvert de recherches civiles, vers une possible guerre des étoiles?

---

* (sondes et satellites d'exploration)

LA RUSSIE RECRUTE POUR MARS

Vous aimeriez mettre les pieds sur Mars? L'agence russe de l'espace vous en offre la possibilité, pourvu que vous ayez entre 25 et 50 ans. Si vous êtes médecin, biologiste ou ingénieur, vos chances sont encore meilleures d'être sélectionné pour ce grand voyage, d'une durée totale de 520 jours (près de deux ans!) La nationalité n'a pas d'importance. Si la question de la sécurité vous inquiète, soyez rassuré: le voyage est en réalité une simulation qui se déroulera dans les environs de Moscou.

Il s'agit en fait d'une expérience à laquelle se livrera l'agence à la fin de 2007 en vue du vrai voyage, qui pourrait avoir lieu en 2015, avec la collaboration de la NASA et de l'Agence européenne de l'espace. Parmi toutes les candidatures reçues, l'agence russe choisira cinq personnes, hommes et femmes, qui seront enfermées dans le faux vaisseau spatial. Elles y seront soumises à une semaine de travail de cinq jours et auront la possibilité de communiquer avec l'extérieur par courriel. À noter: les « voyageurs » devront s'abstenir de fumer et de boire de l'alcool.

R.C.

Cette photographie de la Lune a été prise en 1972 par un des astronautes d'Apollo 17.

Tout commence à la seconde guerre mondiale, quand le génial ingénieur allemand Werner Von Braun conçoit les fusées V2 pour l'armé nazi. Après la victoire des alliés, les Américains lui confient les études qui les doteront du contrôle de l'espace. Guerre froide oblige, les soviétiques veulent aussi leur part de ciel. Ils gagnent le premier round quand leur héros, Youri Gagarine, fait le tour de la planète dans une fusée rudimentaire. Mais l'Amérique, en déposant des hommes sur la lune remporte ce que l'auteur nomme « la troisième guerre Mondiale ». Pour suivre le rythme, les soviétiques se ruinent (l'épopée de Mir « paix », en ruse est hilarante et tragique). L'explosion du bloc soviétique sonne le glas des prétentions de Moscou. Puis les chinois se lancent à leur tour. Pourquoi ? Certes, l'homme a toujours rêvé d'aller dans l'espace, croyant cela facile et intéressant. Mais au lieu des études scientifiques annoncées, les astronautes ont surtout cherché à survivre. Le lobby spatial a réussi à faire édifier la station spatiale, soi disant internationale… toujours inachevée. Il pousse le président Bush à relancer un projet lunaire, à envoyer des voyageurs vers mars. Alors qu'à moindre coût, sondes et robots font un travail scientifique bien supérieur. Conclusion désabusée de l'auteur : « N'est-il pas temps de sonner la fin de la récréation ? » (extrait de : F.M. science et vie, avril 2006)

Créer et imposer une taxe sur l'armement de tout acabit, mondialement reconnue, de la grenade à la bombe nucléaire ; une contribution en prorata respectif de chaque pays. Car on le constate, des armes en tout genres pullulent même chez les pays les plus pauvres. Cette taxe servirait à des projets environnementaux de décontamination et de traitement et récupération des émanations toxiques comme (CO_2 solution) qui faute de fonds nécessaires, stagnent tandis que les changements climatiques et la pollution augmente à un rythme effarant. Leur transformation du gaz carbonique (CO_2) pourrait s'étendre à grande échelle ainsi qu'aux grandes industries ! Mais un manque de financement bloque leur entreprise. Une taxe sur l'armement même minime ; 2 % aurait un impact certain. Éliminer les armes serait utopique, voir impossible de nos jours. L'humanité tel que nous la vivons est trop conflictuelle pour envisager une terre de paix, sans armes. Somme toute une taxe de 2 % serait acceptable et de surcroît, imposée à l'achat. Bien sûr, il faudra un organisme indépendant, international et une magnanimité de tous les pays. Même l'alcool et ses dérivés pourraient contribuer ; 2 % de taxe pour une bonne cause ! Le Québec a payé un milliard cinq cent millions avec une taxe sur les cigarettes pour la dette olympique !

Et le stade est encore problématique et inutilisable en hiver. Un prototype militaire, un avion expérimental coûte un milliard en test et expérimentation. Ne dites surtout pas que l'on fait le nécessaire ou tout ce que l'on peut pour sauver la planète !!! Une nouvelle source de pollution et de gaspillage des ressources va bientôt faire partie du quotidien ; le tourisme spatial où des milliards sont investis, une taxe de 2 % additionnelle à leur voyage ne les contraindraient en rien surtout si une cause comme la survie de la planète en est le but.

Le nouveau moteur avion-fusée

La NASA a testé le 16 novembre 2004 un nouveau prototype d'avion-fusée, sans pilote, muni d'un propulseur révolutionnaire scramjet (*Supersonic Combustible Ramjet*). Il s'agit d'un statoréacteur à combustion supersonique qui puise l'oxygène dans l'atmosphère fine traversée à très haute vitesse. Le vol d'essai de ce prototype X-43Aa permis d'atteindre Mach 10, soit 11 000 km/h. Non seulement le nouveau moteur permet d'exploiter l'oxygène de l'atmosphère à très haute altitude, mais sa puissance est modulable, permettant la souplesse d'utilisation d'un moteur d'avion.

C'est en misant sur de telles technologies que les industriels envisagent des astronefs pouvant emporter des touristes en orbite. L'un des projets les plus ambitieux, développé au Japon, est l'avion-fusée Kankoh-Maru, dont une maquette est présentée dès 1995. L'engin devait transporter 50 passagers à 200 km d'altitude, le prix du billet étant estimé à 10 000 euros. Mais comme nombre de projets d'avant-garde, le Kankoh-Maru restera à l'état de maquette. Toujours est-il que de tels projets futuristes enflamment l'imagination du public… et des industriels !

DigitalVision Ltd.

La navette Rockwell X-33, envisagé par la NASA, devait atteindre Mach-13. Le projet fut annulé en 2001, après un milliard de dollars d'investissement.

Explorer le cosmos

Georges Lemaître
Astronome, physicien, auteur de la théorie du Big Bang

Le Big Bang

Remonter aux origines de l'univers, le Big Bang, qui est rappelons le «une hypothèse», demeure un grand défi d'entendement. Alors oui, on peut en douter. Il n'est pas étonnant que même des scientifiques de premier plan, penseurs, philosophes, théologiens fassent entendre leur voix dissonantes ou s'y opposent. Car il y a aussi qu'au fur et à mesure que progressent les moyens d'observation de l'univers, de nouvelles interrogations émergent. «Le Big Bang n'a peut être jamais eu lieu» La revue science et vie avril 2006 titrait cet exemplaire. Plusieurs découvertes cosmologiques viennent aujourd'hui, semer le doute. En ma qualité, de grand gourou de l'ordre céleste universel et métaphysicien je réfute inexorablement ce concept initial et de surcroît athée. Le modus opérandi dont l'univers est issu demeure inconnu jusqu'à ce jour. La seule explication que je propose c'est la «paraconceptualisation absoluité» une nouvelle science en soi, l'omniscience absolu.

Le Big Bang serait apparu il y 13.7 milliards d'années non pas en terme «d'explosion» mais plutôt en fait comme une apparition soudaine du temps et de l'espace, le tout initié par une énergie prodigieuse, ce qui suppose que juste après l'hypothétique instant zéro, tout l'univers n'était qu'un plasma brûlant en dilatation et en refroidissement rapide du fait de l'expansion, ce fluide brûlant et homogène aurait commencé à se condenser en atomes puis en étoiles, en galaxies, etc...

Les pouponnières d'étoiles

D'où proviennent les petites étoiles? Grâce au télescope spatial Hubble, en orbite autour de la Terre, les astronomes sont en mesure de mieux répondre à cette question. En 1995, le télescope a photographié d'immenses colonnes d'hydrogène et de poussières microscopiques s'élevant de la Nébuleuse de l'Aigle, tels des stalagmites s'élevant du sol des grottes. Au-dessus de chacune des colonnes naissaient de nouvelles étoiles.

La Nébuleuse de l'Aigle est située à environ 7 000 années-lumière de la Terre, ce qui signifie que les événements captés par Hubble ont eu lieu il y a 7 000 ans. Ce n'est qu'en 1995 que la lumière projetée par ces événements a atteint la Terre et a pu être captée par les caméras de Hubble.

Les astronomes ont appelé chacune de ces immenses colonnes des *globules gazeux en évaporation*. Ces colonnes mesurent environ 9,7 billions de kilomètres de long, soit à peu près la taille de notre système solaire.

Une étoile naît lorsque le gaz à l'intérieur d'une telle colonne augmente en densité et s'effondre sous l'effet de la gravité. La petite étoile attire de plus en plus de gaz et grossit sans cesse. Puis, l'étoile commence à brûler. La chaleur et la lumière qui s'en dégagent provoquent alors l'évaporation des gaz qui l'entourent. C'est à ce moment que l'étoile se libère de la colonne et que sa croissance s'arrête.

Avec le temps, les colonnes disparaîtront. Il ne restera que des amas de nouvelles étoiles. Aucune n'aura de planètes dans son orbite puisque les gaz et la poussière qui auraient pu permettre la formation de planètes se seront évaporés.

Des photos plus anciennes prises par Hubble démontrent que les étoiles ne sont pas toutes formées ainsi. Certaines se forment individuellement, dans leur propre nuage gazeux. Les astronomes sont d'avis que les étoiles ayant des planètes dans leur orbite, comme notre étoile, le Soleil, se sont formées ainsi.

Pour appuyer cette théorie l'observation que les galaxies s'éloignent les une les autres serait un signe de l'expansion de l'univers, ensuite la «nucléosynthèse primordiale, nucléogenèse primaire et le controversé rayonnement du fond diffus cosmique. À la fin 2005 une surprenante découverte dans la constellation de la baleine vint encore ébranler» La théorie du Big Bang; une galaxie est repérée hudf-jd2 qui s'avère si massive qu'elle serait née avant le Big Bang!, ce qui en théorie serait possible. L'équipe internationale qui découvrit hudf-jd2 appel au meilleurs instruments disponibles; Hubble, le (vlt) Very large télescope, et Spitzer, télescope spatial de la NASA. On étude révéla des caractéristiques hors norme! Telle sa distance, évaluée à 13 milliards d'années lumières, (soit les parages du Big Bang) un autre constat inusité voir physiquement impossible, le calcul de sa masse; 600 milliards de masses solaires, ce qui représente environ 4 fois la masse de notre propre voie lactée, ce qui va à l'encontre de la théorie d'évolution galactique dite de «croissance hiérarchique». Un autre constat surprenant fût l'évaluation de l'âge des étoiles peuplant hudf-jd2 cette galaxie pourrait être plus vieille que l'univers, avec l'amélioration des techniques d'observation, l'arrivée bientôt des supertélescopes, la chronologie cosmologique selon la théorie dictée par le Big Bang ne sera tout simplement plus valide, erronée. Tout comme le fond diffus cosmique, ce rayonnement fossile pourtant considéré comme le plus solide pilier du Big Bang, comment dix ou cent millions d'années plus tard, l'écart entre le vide *stellaire* et le cœur des étoiles a-t-il pu devenir mille milliards de fois plus grand? Comment un milieu presque homogène a-t-il pu se transformer si vite en un milieu presque entièrement fait de vide avec çà et là d'énormes grumeaux de matière que sont les galaxies? En l'état, le scénario, de formation des galaxies dans le cadre du Big Bang ne permet pas de répondre. Autre énigme importante consiste en l'existence de la matière noire et l'énergie sombre dont l'appellation trahit l'embarras des cosmologistes! Le premier serait une force gravitationnelle, dont on aurait jamais réussi à découvrir sa véritable nature même après 30 ans d'observation ni dans l'infiniment grand (télescope) ou infiniment petit (accélérateur de particules) quand à l'énergie sombre il s'agirait d'une force naturelle inconnue qui accèlèrerait l'expansion de l'univers son existence serait toute aussi hypothétique, pour faire tenir debout l'édifice, (la théorie Big Bangiste) on fait appel et fin de cause au «Dieu» de la physique Einstein et ses théories relativistes! Les observations discordantes, difficilement explicables, tout ceci nous amène irréfutablement à remettre en question la théorie du Big Bang. Avec autant de fissures on comprend que certains n'hésitent plus à douter de cette théorie qui ne parvient pas à expliquer la formation des galaxies, ce qui nous laisse pantois. Le doute s'installe, des théoriciens et physiciens comme Edward Kolb osent s'affirmer, ce directeur du célèbre centre de recherche en physique à Chicago qui dit ouvertement ne pas croire en l'existence de l'énergie sombre, aujourd'hui, personne n'a la moindre idée de ce dont il pourrait s'agir. Pourtant l'énergie sombre est calculée en précision et nécessaire pour soutenir la théorie du Big Bang. Des prémisses existentielles comme; L'univers a toujours existé, est infini et éternel rejoignent le mode de pensée physique et métaphysique de l'ordre céleste universel formulé par tant de mes prédécesseurs et que je tiens pour vérité et réalité. La coexistence des forces gravitation- nelles, électromagnétiques, en interaction permanentes, des énergies ambiantes constatées ou insoupçonnés; nucléosynthèse, nucléoge- nèse peuvent bien exister plus loin encore que l'on puisse imaginer. Il y a 100 ans on estimait des valeurs en millions d'années-lumière qui de nos jours se précisent en milliards d'années-lumière et de surcroît avec des coordonnées, images, etc, qui ne cessent de nous émerveiller, qu'en serait-il dans 20 ans, 50 ans, 100 ans, 1000 ans, la génération du prochain millénaire je n'en doute pas verra loin, encore plus loin, plus profond dans l'univers même au-delà de nos espérances. Bien sûr l'an 3000 n'est pas pour demain, mais soyons futé à l'échelle de l'univers, ce n'est qu'un petit pas. Un phénomène «local?» l'inflation et la dilatation: l'inflation est période de dilatation exponentiellement accélérée de l'univers qui se serait déroulée une fraction de seconde après le Big Bang cet épisode, imaginé au début des années 1980, expliquerait pourquoi l'univers est si vaste et homogène, sans toutefois l'être parfaitement. L'univers, en 10_{-35} secondes, voit sa taille augmenter du facteur 10_{100}. Et voilà l'homogénéité expliquée. Lorsque l'inflation a cessé, 10_{-32} secondes après le Big Bang la gravité a conduit les régions de l'espace présentant un excès de densité à s'effondrer sur elles-mêmes et ainsi à former, à terme les galaxies et amas de galaxies que nous observons aujourd'hui.

Quand les anti-Big Bang prennent la plume

Signée par 34 scientifiques et ingénieurs, cette «Lettre ouverte à la communauté scientifique» a été publiée le 22 mai 2004 dans le magazine britannique *New Scientist*.

« Le Big Bang repose aujourd'hui sur un nombre croissant d'entités hypothétiques, des choses qui n'ont jamais été observées, dont l'inflation, la matière sombre et l'énergie sombre sont les exemples les plus frappants. Sans elles, il y aurait une contradiction directe entre les observations des astronomes et les prédictions faites par la théorie du Big Bang. Ce recours continuel à de nouveaux objets hypothétiques pour combler le fossé entre théorie et observation ne serait accepté dans aucun autre champ de la physique. Il soulèverait, pour le moins de sérieuses questions sur la validité de la théorie sous jacente. Mais la théorie du Big Bang ne peut survivre sans ces éléments rapportés. Sans ce champ hypothétique qu'est l'inflation, le Big Bang ne prédit pas un rayonnement de fond cosmologique homogène et isotrope tel qu'il est observé, parce qu'il n'y aurait aucune raison pour que des parties de l'univers, qui sont aujourd'hui éloignées de plusieurs degrés dans le ciel, soient à la même température et donc émettent la même quantité de rayonnement micro-onde. Sans une certaine matière sombre différente de tout ce que nous avons observé sur terre malgré vingt ans d'expériences, la théorie du Big Bang fait des prédictions contradictoires sur la densité de matière dans l'univers. L'inflation nécessite une densité 20 fois plus grande que celle qu'implique la nucléosynthèse, soit l'explication théorique de l'origine des éléments légers dans le cadre du Big Bang. Et sans énergie sombre, la théorie prédit que l'univers n'a que 8 milliards d'années, ce qui est plusieurs milliards d'années plus jeune que beaucoup d'étoiles de notre galaxie. Qui plus est, la théorie du Big Bang ne peut se venter d'aucune prédiction quantitative qui aurait été ensuite validée par l'observation. Les succès revendiqués par les défenseurs de la théorie sont dus à sa capacité à s'adapter rétrospectivement aux observations, *via* un ajout continuel de paramètres ajustables, tout comme la cosmologie géocentrique de Ptolémée nécessitait des couches successives d'épicycles. Pourtant, le Big Bang n'est pas le seul canevas disponible pour comprendre l'histoire de l'univers. « L'univers-plasma » et le « modèle stationnaire » font tous deux l'hypothèse d'un univers en évolution, sans début ni fin. Ces modèles, ainsi que d'autres approches alternatives, peuvent aussi expliquer les phénomènes basiques du cosmos, y compris l'abondance des élément légers, le rayonnement de fond cosmologique, et la façon dont le décalage vers le rouge des galaxies lointaines augmente avec leur distance. Ils ont même prédit de nouveaux phénomènes qui ont ensuite été observés, chose que le Big Bang n'avait jamais pus faire. Les défenseurs de la théorie du Big Bang rétorqueront que ces théories n'expliquent pas toutes les observations cosmologiques. Mais ce n'est guère étonnant, vu que leur développement a été sévèrement entravé par un manque total de financement. En effet, de telles questions et alternatives ne peuvent, aujourd'hui encore, être librement débattues et examinées. La plupart des conférences suivent le courant dominant et ne permettent pas un échange d'idées complètement ouvert. Quand Richard Feynman dit que *« La science est la culture du doute »*, dans la cosmologie actuelle, le doute et la dissidence ne sont pas tolérés, et les jeunes scientifiques apprennent à tenir leur langue s'ils ont quelque chose de négatif à dire à propos du modèle standard du Big Bang. Même les observations sont désormais interprétées à travers un filtre biaisé, jugées correctes selon qu'elles étayent ou non le Big Bang. Du coup, des données discordantes sur les décalages vers le rouge, les abondances de lithium et d'hélium, et la distribution des galaxies, parmi d'autres éléments, sont ignorées voire ridiculisées. Les financements proviennent de quelques sources seulement, et tous les

comités d'évaluation qui les contrôlent sont dirigés par des défenseurs du Big Bang. En conséquence, la dominance du Big Bang est devenue totale, indépendamment de la validité scientifique de la théorie. Ne donner de caution qu'aux projets qui entrent dans le cadre du Big Bang sape un élément fondamental de la méthode scientifique : la constante mise à l'épreuve que toute recherche impose. Pour remédier à cela nous exhortons les agences qui financent le travail en cosmologie de mettre de côté une part significative de leur financement pour les recherches sur les théories alternatives, et les observations contradictoires au Big Bang. Pour éviter tout biais, le comité d'évaluation qui alloue de tels fonds pourrait être composé d'astronomes et de physiciens extérieurs au champ de la cosmologie. Allouer des financements à des recherches sur la validité du Big Bang, et sur ses alternatives, permettrait au processus scientifique de déterminer notre modèle le plus fiable de l'histoire de l'univers. »

Se représenter l'univers en un bloc carré de 5 centimètres, quel exercice mental. Mais aussi quel lapsus, on devrait plutôt dire voici la partie définie, observable de l'univers, soit environ 13 milliards d'années-lumière de distance. Car plus loin, dans le vide stationnaire cosmique, l'espace que trouvera-t-on ; Des galaxies en mouvements, des systèmes planétaires en expansion ou stationnaire ? L'avenir nous le dira !

Une chose est sûre, on ne trouvera jamais une enseigne indiquant ; Fin de l'univers, ou « l'effet miroir, » attention retournez sinon vous tomberez dans une autre dimension !!! Plus nous approfondirons nos explorations spatiales, plus nous éclairerons nos connaissances, plus notre questionnement existentiel sera sans fin ! Bien sur cette hypothèse nous amène à une multiplicité exponentielle ouvrant la voie, la possibilité à des mondes habités. Mais soyons lucide, vous verrez dans « L'unicité dans la multiplicité » une visée de la théorie par l'observation, signifiant de cet état de chose. Reportons nous, ne serait-ce que 5 secondes avant le Big Bang d'où provenait cette énergie, cette matière ? Depuis combien de temps ce « processus » accumulait-il matières et énergies pour en arriver à une méga explosion initiale, dont toutes les planètes et tout ce qui existe, dans l'espace, même dans tout l'univers. Ce Big Bang qui créa l'univers de par sa dimension encore indéfinie, l'univers qui est infini dans son continuum physique jusqu'à preuve du contraire, à chaque avancée technologique, qui nous ouvre de nouvelles voies d'exploration nous apporte aussi loin que se soit possible des systèmes planétaires, galaxies, étoiles, exo planètes, toujours plus loin. Cette théorie cosmologique, ce grand BOUM, est irrecevable à priori! «Le Big Bang n'a peut-être jamais eu lieu, l'univers pourrait exister depuis toujours.» Ces deux phrases titraient la revue *science et vie* en avril 2006, je le rappelle, Bravo! Car il y a longtemps que je crois qu'il faut évoluer sur ces théories conceptuelles cosmologique, même plus, une refonte s'y il le faut! (D'audacieux physiciens l'affirment aujourd'hui: ce que nous prenons pour la réalité n'est en fait que l'information que nous avons sur elle, et cela change tout; non seulement les lois de l'infiniment petit deviennent enfin compréhensibles mais les notions de temps, de matière et d'espace sont à réinterpréter en termes informationnels.) Hervé Poirier

L'intégrabilité, de la dimension exponentielle omni directionnelle et multidimensionnelle de l'univers ne peut s'accommoder d'une seule explosion initiatrice d'un tel système. La conceptualisation de l'univers, sa démesure, son expansion cosmique dans sa relativité continuelle, les explosions énigmatiques des supernovas, plus brillantes que des milliards de soleil reflètent un processus perpétuel n'ayant ni commencement ni fin!

Le fond diffus cosmologique c'est la lumière la plus ancienne que l'on puisse détecter, émise après le Big Bang, lorsque l'univers, en expansion s'est refroidi, libérant un rayonnement, «Le fond diffus cosmique» et transitant depuis plus de 13 milliards d'années. Peu de temps après le Big Bang qui se serait produit il y a 14 milliard d'années environ. Elle aurait été émise environ 370 000 ans après le Big Bang lorsque l'univers en expansion s'est refroidi. Les satellites (Cobe), *Cosmic Back Ground et* (Wmap) *Wilkinson Microwave Anisotropy Probe* on observé des fluctuations de température d'une région du ciel à une autre, reflétant ainsi les fluctuations de la densité de l'univers primordial. Les cosmologistes se sont focalisés sur les anisotropies du fond diffus cosmologique. Cette analyse de fluctuation de température confirmerait le modèle standard quoi que certains désaccords aient vu le jour. Ces mesures fluctuantes remettraient en cause la théorie de l'inflation. L'inflation est une période de «dilatation» exponentiellement accélérée de l'univers qui s'est déroulée une fraction de seconde, après le Big Bang lorsque l'inflation a cessé 10_{-32} secondes après le Big Bang, la gravité a conduit les régions de l'espace présentant un excès de densité à s'effondrer

Station Aurora — January 28, 2004

< Le halo est visible au centre (ici, NGC 4565, une galaxie spirale semblable à la nôtre)

> **REPÈRES**

Selon les scénarios d'évolution stellaire, les étoiles primordiales ne contiennent que les éléments chimiques synthétisés lors du big bang : hydrogène, deutérium, hélium et lithium. Les éléments plus lourds, tel le fer, ne sont présents que dans des générations plus récentes d'étoiles. Ainsi, leur composition est un précieux marqueur pour tester les scénarios cosmologiques. Mais la quantité de lithium observée sur les étoiles du halo de la Galaxie est en contradiction avec la théorie du big bang : elle oblige ainsi les astrophysiciens à rivaliser d'imagination pour expliquer l'origine du désaccord.

sur elles-mêmes et ainsi à former, à terme, les galaxies et les amas de galaxies que nous observons de nos jours. Le fond diffus cosmologique en serait le témoin principal sur les propriétés à grande échelle de l'univers. En examinant en détail le spectre de puissance angulaire du fond diffus, on aperçoit des points où les observations sont en conflit avec le modèle d'inflation, les fluctuations cosmiques, et l'écart de température entre deux points de la sphère céleste. L'équipe du satellite «Cobe» avait remarqué cette déficience des bas ordres, et les mesures du satellite «Wmap» on confirmé ce résultat. On y constata aussi une décorrélation angulaire ainsi que des corrélations inattendues. C'était un premier signe que les fluctuations du fond diffus, supposées être d'origine cosmique, contiennent une composante provenant du système solaire, ce qui constitue un artefact observationnel. Plusieurs de ces vecteurs sont proches du plan de l'écliptique et, dans ce plan ils se trouvent anormalement proches des équinoxes, les deux points du ciel où la projection de l'équateur terrestre sur le ciel, coupe le plan de l'écliptique. Ces mêmes vecteurs sont aussi bizarrement proches de la direction du mouvement du soleil dans l'espace intersidéral. Un autre vecteur est très proche du plan défini par les superamas local de galaxies, nommé plan super galactique. Il semble que la théorie de l'inflation soit confrontée à un sérieux problème, qui pourrait renvoyer les cosmologistes à leur tableau noir pour expliquer de façon plus correcte l'univers primordial. Il est possible que l'univers présente une topologie plus complexe qu'attendue. Ce condensé extrait de l'article «L'univers est-il désaccordé?»

(*Revue pour la Science septembre 2005*) Encore une fois, plus les recherches, évoluent, progressent, plus les questionnements et énigmes subsistent en parallèle.

Le facteur "temps"

Le temps est une notion phénoménologique physique et métaphysique, une prise de conscience, immuable, calculable, précise dans la durée des évènements (chronomètrie) et leur succession (chronologie), la continuité des évènements. Le temps n'a pas de nature physique, puisque le passé n'est plus l'avenir n'est pas encore et le présent, est cet instant infinitésimal. Immédiatement retourné au passé, ainsi le temps, n'a pas d'autre réalité subjective, que lui confère notre conscience, le temps est une prise de conscience, initialement issue de l'esprit de l'homme, le sens du temps. De ce mode de pensée, irréfutable, nous vient la notion que, le temps est sans fin, éternel, si l'on préfère. Le temps est toutefois calculable et mesurable avec précision. Nul ne peut l'objecter, s'y opposer, ou l'interférer, sa permanence est irréductible, d'où nous provient l'intemporel et l'éternel, le temps qui ne peut et qui ne s'arrêtera jamais! L'intemporalité est coexistentielle à l'éternité dans la relativité continuelle car l'éternité est continue, perpétuelle et l'intemporalité est hors du temps. La permanence est le vecteur qui les réunit, dans leur relativité continuelle. Ces concepts déterminent la nature du temps. La prise de conscience initiale du «temps» par l'homme date d'au moins 10 000 ans aussitôt que l'homme se mit à penser à voir, à réaliser qu'à partir du soleil, le jour, la nuit, sa continuité, il se mit à dater à concevoir, l'ordre du temps. Et plus l'homme se civilisait, plus il concevait avec exactitude, précision, «Le temps.» Les Égyptiens, Arabes, Chinois, le précisèrent sans autre outil que leurs yeux et leur cerveau. Gravé sur plaque d'argile ou peint sur du papyrus ou autre procédé archaïque, la notion du temps n'a pas changée. L'espace et le temps, l'espace-temps est un milieu continu, infini à quatre variables relatives ; Les trois dimensions et le temps : Le continuum spatio-temporel, la continuité dans l'espace sans fin, dans ses trois dimensions physiques mesurables, et le temps continu, dans l'ordre du temps, passé, présent et futur. De ce constat, la relativité continuelle du continuum spatiotemporel est évidente. Quantifier l'espace-temps ou le continuum spatiotemporel s'avère utopique. Seul le présent et notre propre espace-temps nous est réellement accessible. Bien entendu le passé et le futur s'expliquent, mais dans une certaine mesure, au-delà de nos connaissances, de nos limites, ça s'avère de l'hypothèse. Le temps est sans commencement, le futur sans fin, alors seul notre (espace temps) nous est accessible, à l'intérieur de notre continuum limitrophe. Au-delà de plus quelques milliards d'années soit passées ou futures, ce n'est que pure spéculation hypothétique.

La loi unique de l'univers

Le quantificateur universel, le seul et unique facteur à la mesure et à la démesure de l'univers est le «temps» l'ordre temporel chronologique, le temps universel, immuable, inaltérable, intransgressif, intransitif et d'une relativité continuelle. C'est pourquoi l'homme colonisant le cosmos, la cosmonautique interstellaire, faisant intervenir le concept du temps relativiste comme cet exemple: «Parvenus à mille années-lumière de la terre, les cosmonautes voient les évènements qui se sont passés il y a mille ans sur terre, mille ans étant le temps non dilaté écoulé sur terre depuis le départ du cosmonef ayant pénétré dans l'atmosphère d'une planète lointaine de mille années-lumière, les cosmonautes font demi-tour… Ils se comportent, comme les petits hommes verts des amateurs de soucoupe volante: Trois petits tours, bon baiser du cosmos et adieu. Mettant leur capsule dans le bon sens, les cosmonautes lui impriment une accélération constante, égale à «G» pendant 6,6 ans; ils retournent ensuite leur cosmonef, décélèrent pendant 6,6 ans et reviennent sur terre, ayant vieilli de 13,2 ans à l'aller, de 13,2 au retour, de 26,4 au total. L'ennuyeux, est que pendant leur absence il se sera écoulé plus de deux milles ans sur terre à leur retour. Nos fils exploreront les banlieues cosmiques, les étoiles suffisamment proches pour être atteintes en dix ans de voyages aller, dix ans de voyage retour à des vitesses suffisamment «lente» pour que la dilatation du temps ne joue pas de façon pondérable, pour qu'à leur retour les astronautes sexagénaires soient tout au plus des quadragénaires qui font jeune pour leur âge.» Cet hypothèse de, *Werner Von Braun et *Jean Sendy à pour but d'expliquer le concept de temps relativiste. On pourrait y croire que la fiction dépasse la réalité, « Hominis Erratum » comme il est futile de prendre la fiction pour réalité ! L'ordre temporel universel implique que je suis en ce moment même jeudi le 10 août 2006 au Québec et, que vous soyez sur la station spatiale (SSI), sur la lune, sur Mars, à Paris ou à New York ou même à 15 années-lumière de la terre, aujourd'hui, nous sommes tous jeudi le 10 août 2006, partout où que soyez même dans l'espace, le cosmos, l'univers. Il en va de même peu importe la vitesse, ou l'immobilité des êtres et objets, que vous soyez immobile dans votre salon ou en auto, en bateau ou en avion, la mobilité à des vitesses variantes n'influence pas le temps universel (tu) peu importe la ou les vitesses des êtres et de toute matière, le « temps » est d'un autre ordre.

---

* Werner Von Braun, ingénieur et scientifique allemand (1912-1977)
* Jean Sandy, auteur écrivain en science fiction, ufologie et ésotérisme.

Les effets relativistes

Le postulat suivant, relaté en littérature scientifique nous donne un exemple plus concis, à bord d'un astronef voyageant à 90 % de la vitesse de la lumière, un équipage serait soumis aux effets relativistes. Cela signifie notamment que le temps à bord ne s'écoulerait plus au même rythme que celui des personnes qui seraient restés sur terre, ainsi a cette vitesse, le centre de la voie lactée, à 30,000 années-lumière, serait rejoint en 10 ans par l'équipage. Mais simultanément, sur terre, il se serait écoulé des milliers d'années... (Extrait de « *L'astronomie pratique* » *Hachette Collections 2005*)

Poussons l'exercice plus loin, si une douzaine d'astronefs partent de la terre en 2010, voyageant à la vitesse de la lumière, après deux ans, trois d'entre eux font demi-tour, deux autres s'immobilisent dans l'espace, deux autres poursuivent leur trajet, à la vitesse de la lumière toujours, et deux autres tentent l'expérience de continuer leur accélération pour dépasser, toute vitesse obtenue antérieurement, les trois derniers, eux s'efforceront de rejoindre leurs amis, partis de la terre en 2010 à la même date, au retour. Notons que tous avaient, initialement une trajectoire différente. Les premiers de retour sur terre arriveraient dans le futur proche, les trois autres arriveront dans le passé, deux autres arriveront au temps présent de la terre, deux se seront désintégrés, ayant trop accéléré ou heurté un météorite ou astéroïde de petite dimension... Les derniers cherchant une solution pour rejoindre leurs amis sur terre en temps et lieu. Que constatons-nous ? Ces astronautes voyageraient dans le temps !!! Hélas, ce concept n'est que le fruit de mon imagination car voyager dans le temps est une utopie, de la pure science-fiction. C'est pourquoi les effets relativistes en arrivent à déborder du cadre scientifique concret et réalisable pour anticiper vers, hélas, la science-fiction pure et simple. Comme il a été dit et expliqué, l'ordre chronologique temporel ; le temps universel est un quantificateur absolu, invariable, la loi unique de l'univers, le quantificateur universel (tuc) temps universel coordonné, et (ta) temps atomique. Un physicien allemand annonçait récemment avoir construit une horloge atomique d'une précision de deux à trois secondes sur un millénaire. Quelque mois suivant, un physicien, à l'observatoire de Paris présentait une horloge des plus précises au monde : Une horloge atomique, contrôlée par un atome de césium. Simultanément une équipe de physiciens États-uniens annoncent avoir créé, l'horloge atomique la plus précise au monde, de moins d'une seconde tout les quatre cent millions d'années...

La Science-fiction

Ah!, la science-fiction, quelle belle création de l'esprit humain. Elle offre l'impossible, l'infini, tout ce que l'on peut s'imaginer…, elle permet le dépassement de l'entendement, du réel, du vrai ce n'est pas un hasard si ses revenus, retombées sont si gigantesques dans tous les domaines. (Livres, films), nous témoignent de cet engouement. La créatrice d'Harry Potter est devenu l'une des femmes les plus riches au monde entier. La science-fiction, hélas on la retrouve partout, car c'est l'exutoire par excellence. Pour fuir la réalité, elle est partout ; religion, science, omniprésente, vous irez au ciel, heureux pour l'éternité… Nous sommes en voie de trouver la solution aux cancers, au vieillissement… Les cellules souches, la nanotechnologie (implant corporel) le clonage… On pourra régénérer les organes, guérir toutes les maladies ! On trouvera d'autres planètes habitables, on s'installera même sur Mars et l'on y implantera la vie avec une atmosphère. Je dirais plutôt, commencez par y aller et planter votre drapeau. La science-fiction nous sert d'exutoire, à notre condition d'humain, pour qui le « Temps » est compté dès sa naissance et soumis au vieillissement assuré qui symbolise, dépérissement, affaiblissement, laideur, souffrance, sénilité et la mort comme seule issue. Cette fatalité n'est certes peu réjouissante. Mais dites-vous bien qu'il y a une « vie » entre les deux. Les médias, la publicité, la culture populaire, exulte la beauté, la jeunesse au sens esthétique. Avoir vingt ans, être parfait, belle ou beau, c'est « ça » le bonheur ! Bien sur, personne ni même moi songe ou ne veut, n'anticipe se voir à quatre-vingt-dix ans dans un fauteuil, incapable, de se déplacer ou presque, affaiblit, diminué, sourd, souffrant, démuni. Mais le «temps», implacable, immuable aura quand même raison. Tel est notre sort à tous. Pour accepter cet état de fait, cette fin, il faut voir la «vie» dans sa «totalité». Prenons comme exemple un enfant, bébé il est faible, démuni, dépendant de sa mère, incapable de marcher de se suffire à lui-même. Pire il est incapable de communiquer! Il ne peut que brailler, crier, pleurer en espérant que l'on comprenne ses besoins ou désirs. Mais le «temps» l'affranchira, il/elle, deviendra rapidement fort(e), intelligent(e) et rapidement deviendra même arrogant(e), normal(e). Devenu jeune adulte, quinze à vingt ans environ, il/elle se croira invincible même, ou dans certain cas, car chaque humain est unique. Alors le temps qui suit son cours lui offrira toutes sortes d'opportunités. Les rêves les plus fous les ambitions de toute sorte, réaliste ou non que se soit par le travail, l'étude, la chance ou les circonstances, le «temps» est là en sa faveur. Mais le temps file, traître, implacable, il te rattrapera plus vite que l'on croit, quand on est jeune. Et plus le temps passera, plus tu devras t'adapter à lui et non l'inverse. Car vouloir rester «figé» dans le «temps» comme à vingt ans par exemple, compliquera les choses et te conduira irréfutablement à la frustration, les vendeurs de crème et produits rajeunissement, l'ont très bien compris, eux. Je veux dire

qu'il faut s'accepter tel que l'on est, on ne peut pas tricher avec le « temps ». Mme Lise Watier qui connaissait bien les cosmétiques préconisait un grand soin de sa personne. Bien entendu, il y a de bons produits pour la peau, les cheveux, le corps et tout le tra-la-la esthétique et cosmétique, mais ce ne sont que des attributs mineurs et ils n'ont aucune emprise ou effet sur le « temps ». Une femme, de cinquante ou soixante ans ou un homme de quarante ans sera le reflet de sa vie, et se doit d'en être fier. Falsifier son apparence en vue d'un « rajeunissement » n'apportera pas la solution, l'absolution d'un vide ou mal existentiel. Si l'on se refuse d'accepter le « temps » et sa condition inhérente; l'âge, car l'âge n'est pas synonyme de frustration. Au contraire, et c'est ici qu'il faut bien comprendre le sens du temps. L'âge apporte l'affranchissement, la libération de beaucoup de problèmes existentiels sur qui le « temps » aura un effet d'évanescence. Libéré, affranchi, le « temps » deviendra en ta faveur. Tu n'en auras plus peur, tu t'en feras un allié. Tu comprendras que le « temps » est justice. Nul ne peut lui échapper, le contraindre, le changer, l'altérer, le fuir. Le « temps » à toujours raison même des plus riches, des plus puissants, de tout poils, de tout temps. On ne peut qu'abdiquer devant lui, voyez cet homme « Staline », le plus grand dictateur de tout les temps, à mon avis. Son empire, l'ex union soviétique, possédait un arsenal nucléaire dément, d'une telle puissance, que la destruction planétaire complète était assurée en cas de conflit avec ses ennemis, nous fûmes très près d'une troisième guerre mondiale qui aurait mise fin a toute vie sur terre! Mais qui a gagné, eu raison, en fin de compte: « Le temps » !

Au cours des années 40, environ 10% de la population russe fut soumise à la machinerie pénitentiaire de Staline. Des églises, des hôtels, des piscines et des étables furent transformés en prisons. La torture y était pratiquée sur une échelle que même les nazis allaient trouver difficile à émuler. Des hommes et des femmes étaient mutilés, les yeux arrachés, les tympans perforés; enfermés dans des « boîtes à clous » ainsi que dans d'autres engins maléfiques. Les victimes étaient souvent torturées devant leur famille. Durant les années 1930 à 1935, la collectivisation des fermes a coûté 9,5 millions de vies (plus d'un tiers tués, torturés, ou mort dans les vastes glaces sibériennes, le reste mourant de famine). En 1937, Staline a fait tuer 3000 membres de sa police secrète, 90% des magistrats de province, 80 000 officiers, 80% des généraux et des colonels, et environ 1 million de membres du parti. De 1929 à 1953, il a exterminé 21,5 millions d'humains. À sa

Joseph Staline 1879-1953

mort, il y en avait 40 millions en prison, ainsi que 2,5 millions de déportés à perpétuité en Sibérie et au Kazakhstan. Lors d'une conversation avec Churchill, Staline aurait lui-même admis avoir tué 10 millions de paysans et en aurait transporté de 10 à 11 millions en Sibérie (un tiers en camp de concentration, un tiers en exil, un tiers exécuté). En 1932-1933, il a créé une famine tout comme l'avait fait son modèle Lénine. Ses armes favorites furent le mensonge et l'usage de la force. Selon lui, «dictature signifie un pouvoir illimité fondé sur la force, non la loi». Les gens par millions croyaient que l'URSS était «l'État le plus avancé du monde à tout point de vue... et que la victoire mondiale du communisme était inévitable... Le système créait des gens qui croyaient aveuglément à des dogmes pseudo-religieux tels que «l'enseignement de Marx est tout-puissant parce qu'il est vrai, et qu'il n'y a pas d'exploitation de l'homme par l'homme en URSS.» («Nous avons tous été trompés», avouera l'historien Volkogorov, qui fut lui-même général dans l'armée stalinienne.)

*Paul Langevin, en qui j'ai beaucoup d'estime, son humanisme, pacifiste dans l'âme, pionnier que je qualifierais de «Scientiste,» dénonçant la prostitution de la science à la guerre, il proclama, «comme on ne saurait songer : à limiter la science, il faut absolument lutter contre la guerre.» Ardent militant pour la paix, les droits de l'homme et la science, un grand homme! Les théories relativistes dont il formule une hypothèse explicative à l'exemple le «paradoxe des jumeaux» va cependant à l'encontre des lois et principes l'ordre temporel; Je cite dans cette expérience de pensée; l'un des jumeaux voyage à une vitesse proche de la lumière, l'autre reste sur terre. D'après la théorie de la relativité d'Einstein le temps s'écoule plus lentement pour le jumeau voyageur que pour le jumeau casanier. Le premier serait donc plus jeune que le second lorsqu'il reviendra sur terre. Le paradoxe est que le jumeau voyageur peut tenir le même raisonnement, car de la terre, il voit son jumeau se déplacer. L'énigme est levée quand on tient compte du fait que lors de son demi-tour pour revenir sur terre le jumeau voyageur endure des accélérations que son jumeau terrestre ne subit pas : On sort alors de la relativité restreinte qui ne traite que les mouvements uniformes. L'analyse vectorielle diffère de l'aphorisme axiomatique de l'ordre temporel chronologique universel expliqué précédemment. Les référentiels relatifs des jumeaux, s'y trouvent caduques. Lors de leur rencontre, parti du même âge, ils se rejoindront ayant encore le même âge.

---

* Paul Langevin, physicien français (1872, 1946)

Les cônes de Cappadoce ressemblent à des formations rocheuses d'une lointaine planête.

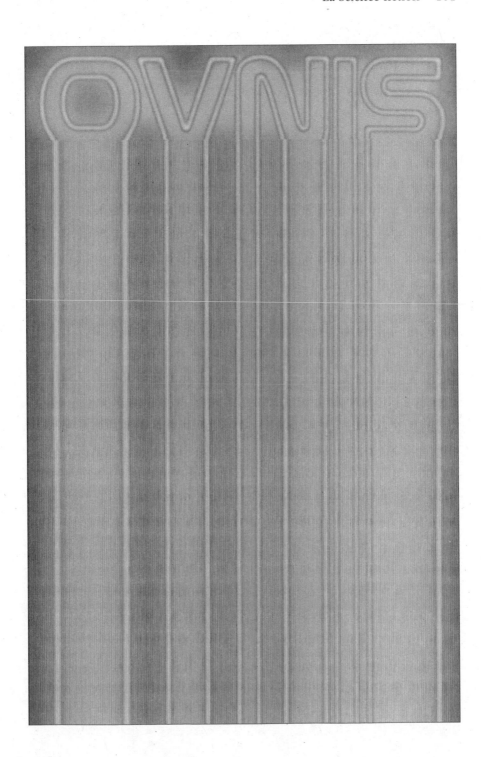

Les extraterrestres, les ovnis existent-ils ?

Les extra-terrestres, les soucoupes volantes, les ufonautes et leurs ovnis discoïdaux, les intra terrestres ; humanoïdes anormaux ou autres ont toujours fascinés l'imagination, l'esprit humain, pourquoi ? C'est ce que nous comprendrons en s'efforçant, en analysant en consistance et en disséquant le vrai du faux. Débutons par l'ordre existentiel[1] ; primo les extraterrestres, n'ont jamais existé et n'existeront jamais, qu'on se le dise ! Les soucoupes volantes venues d'un autre monde, de lointaines planètes, voir même à des années-lumière de la terre ne sont que pure fabulation, chimère. Il y a souvent erration dans l'interprétation de phénomènes cosmiques naturels ou inexpliqués. Depuis tant d'années qu'ils viennent et repartent sans nous communiquer leur présence, sans atterrir, quelle bande de trouillards, de peureux, ces extraterrestres, ont-ils peur des terriens ? On ne les dévorera tout de même pas, nous sommes civilisés. Venir d'une galaxie lointaine à des années-lumière de nous, avec une technologie avancée pour apparaître la nuit, exécuter quelques prouesses, virevolter, apeurer les humains et repartir c'est complètement farfelu et d'un non-sens ahurissant ! J'espère qu'un jour il en aura un(e) extraterrestre dans sa soucoupe volante, un(e) rebel(le), un(e) brave qui osera se poser, « atterrir », débarquer et nous parler, même s'il(elle) ne parle pas notre langue. Quoi que ce jour je ne l'attends pas plus que le jour de l'apocalypse des croyants bibliques et le retour de Jésus

---

[1] Voir L'ordre existentiel

Christ ou la venue du vrai «Messie» selon la religion qu'ils pratiquent. Mais voilà, les croyants en ufologie, les (ovniciens)[2], pardonnez-moi le néologisme, c'est plus fort que moi! Ces ovniciens sont comme les croyants bibliques, ou les fervents de la création instantanée et l'apparition soudaine d'Adam et Ève, rien ne les fera changer d'idée ou d'opinion. Cet entêtement à croire en l'impossible est explicable par un long exposé qu'il serait trop fastidieux d'élaborer car il interpelle des domaines comme la psychologie, l'essence même de l'humain en matière spirituelle, psychique et métaphysique et éducationnel, social et environnemental. Enfin une psychanalyse, profonde serait nécessaire pour les libérer de leurs croyances farfelues, erronées. Je réitère: qu'on se le dise les extraterrestres n'ont jamais existé, n'existent pas et n'existeront jamais, ceci fait partie intégrante de l'ordre existentiel. Voyons maintenant un concept qui nous éclairera à propos des soi-disant «mondes habités» et l'exobiologie, «l'unicité dans la multiplicité.» Pourquoi serions-nous l'unique planète dans l'univers avec une vie biologique. Voici une réponse: donner naissance à l'être humain à partir de poussière brutes; gaz et autres composantes basiques, ce processus généré sur des milliards d'années ne peut être le résultat du hasard, d'une explosion massive, non, il faut plus surtout un élément, «l'intelligence» pour conceptualiser cette matière et énergie en environnement viable: la terre et y concevoir ces créatures y vivant à sa surface (la croûte terrestre) et le tout dans une relativité continuelle,[3] avec ses éléments constituants c'est-à-dire le Soleil, la lune, etc. Notre galaxie est unique, l'humain sur terre «créature biologique» est unique dans l'univers, comme chaque humain est unique sur cette unique planète dans cette unique galaxie parmi les millions, des milliards... de planètes, de galaxies! Retenez bien ce concept, «l'unicité dans la multiplicité». Rassembler tous les éléments nécessaires, les énergies, matières, lumière, cette combinaison fonctionnelle unique, qu'est notre système solaire lui-même dans une galaxie; l'aboutissement de milliards d'années d'évolution qui amena à une vie cellulaire, biologique, cette biodiversité sur terre, la conjoncture de tout retrouver, cette «combinaison parfaite» est impossible, dû à sa complexité de là son «unicité».

---

[2] Ovnicien : synonyme de ufologue

[3] Voir théories relativistes

Le facteur multiplicateur dans l'unicité et la multiplicité

La femme et l'homme sont unique comme « être » vivant. Prenons exemple la femme, chaque femme est unique, même à près dix ou cent ou mille générations subséquentes ou inversement, dans l'Ordre chronologique, sa mère, sa grand-mère et ainsi de suite, toutes et chacune d'elles sont uniques. Les humains se multiplient, mais chaque humain est unique. Cet exemple de l'unicité dans la multiplicité s'applique aussi au niveau planétaire, galactique, dans l'univers...

Un ovni réel?

Un arsenal d'engins expérimentaux tel ce prototype militaire à décollage vertical, doté d'une physionomie discoïde fût à l'essaie durant plusieurs années, une armada d'ingénieurs, de concepteurs s'évertuèrent durant ce temps à mettre au point ce type d'engin, toujours dans le plus grand « secret », bien entendu, car l'espionnage et le contre espionnage font partie intégrante des grandes puissances militaires. Ces prototypes *expérimentaux équipés de générateur, à fonctionnement nucléaire, dotés d'une puissance phénoménale à propulsion électromagnétique, demeurent cependant extrêmement dangereux à l'utilisation. Aux États-Unis, on aurait aperçu ce type d'engin éjectant de la matière en fusion, ce qui pourrait s'avérer fort possible. Néanmoins le résultat de cette technologie ne s'avéra pas à la hauteur de leur attente. Heureusement pour l'humanité, car le but de leur expérimentation consistait à placer en orbite un appareil capable de bombarder l'URSS de missiles nucléaires. Même si ce projet fût abandonné ne vous fait-il pas penser au bouclier spatial de Bush? Ok, l'URSS n'existe plus. La Russie n'est plus une menace, de nos jours ce sont Alcaïda, la Corée, l'Iran ou d'autres, d'autant plus que ces derniers disposent du précieux pétrole! Tout est mis en œuvre pour obtenir des résultats dans la course à l'armement et ce ne sont pas les moyens qui manquent, les plus gros budgets y sont alloués et le tout dans le plus grand secret militaire, bien entendu.[4] Les engins d'espionnage « furtifs » font partie d'un autre domaine propice à des phénomènes souvent interprétés pour autre chose... Ça fait leur

---

[4] La militarisation, le budget des États-Unis de l'année 2007 est évalué à 450 milliards de dollars. (défense nationale oblige)

* Voir p. 119

736 ovnis dans le ciel canadien

WINNIPEG (PC) — Un des principaux cher-cheurs dans le domaine des objets volants non identifiés au Canada a fait savoir que les Cana-diens avaient rapporté 736 observations de tels engins dans tout le pays, l'an dernier.

Selon Chris Rutkowsky, 2006 a été l'année où l'En-quête canadienne sur les ovnis a recueilli le troisième plus grand nombre de signalements en 17 ans d'activ-ité. M. Rutkowsky y voit le signe d'un vif intérêt pour les phénomènes célestes inexpliqués.

L'Ontario et la Colombie-Britannique ont enregistré le plus grand nombre de cas rapportés, tandis que la Saskatchewan battait son propre record avec 98 ob-servations. L'incident le plus mystérieux met en cause un énorme objet noir en forme de V, vu en train de se déplacer lentement au-dessus de la côte de Terre-Neuve, en août dernier. Un autre rapport remis par un automobiliste à l'extérieur de North Bay, en Ontario, fait état de plusieurs lumières bleues qui sont passées en flèche tout près de son véhicule, flottant ensuite dans les arbres.

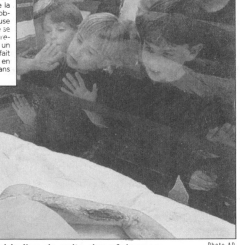

Roswell, Nouveau-Mexique, véritable lieu de culte des ufologues.

Photo AP

| MERCREDI 30 MAI 2007   **19**

Parc d'attractions pour ufologues

ROSWELL, Nouveau-Mexique (AP) — Véritable lieu de culte pour ufologues, la petite ville de Roswell, dans le désert du Nouveau-Mexique, entrée dans l'histoire grâce au prétendu crash d'un objet volant non identifié (ovni) en 1947, espère attirer toutes sortes de visiteurs avec son futur parc d'attractions dédié aux soucoupes volantes et aux extraterrestres.

Le site envisagé, d'une trentaine d'hec-tares, comprendra notamment une monta-gne russe «indoor», où, frisson ultime, les touristes pourront se faire kidnappés par des êtres venus d'ailleurs...

«Personne ne sera blessé et tout le monde sera de retour, sous sa forme initia-le, du moins nous l'espérons», a assuré le concepteur du projet, Bryan Temmer.

Une salle consacrée à l'exploration scientifique de l'univers est également pré-vue dans ce parc unique en son genre, qui «ne sera pas seulement centré sur l'inci-dent de Roswell et la question de savoir si c'est vraiment arrivé», a expliqué Temmer.

Le futur parc, baptisé *Alien Apex Resort*, pourrait ouvrir ses portes dès 2010. Il sera entièrement construit et géré par une entreprise privée. L'appel d'offres pour la construction débutera le mois pro-chain.

La construction du parc devrait coûter «plusieurs centaines de millions de dol-lars», selon les estimations de Zach Montgomery, planificateur urbain à Roswell.

Cette bourgade du sud-est du Nouveau-Mexique est devenue célèbre du jour au lendemain, en 1947, après le supposé crash d'un ovni dans un ranch des environs. L'armée américaine a révélé ultérieure-ment qu'il s'agissait plutôt d'un ballon-sonde météorologique.

affaire, croyez moi, car même quand ils avouent être la cause d'une apparition nocturne quelconque, on ne les croit, tout simplement pas; (exemple l'affaire Roswell Texas) ça les arrange encore plus quand il y a des victimes soit de collision, d'irradiation ou autre. Tant mieux si le peuple croit aux ovnis et aux extraterrestres car si l'on savait tout des dangers inhérents à ces engins, prototypes expérimentaux, essais en tout genre et leur potentiel destructeur. On aurait vraiment peur, mais les ovnis et les extraterrestres on n'y peut rien.

Pour les super-puissances militaires, une ou plusieurs vies n'a que peu d'importance, on évalue ces pertes en terme statistique ou dommages co-latéraux, si l'irrationnel ufologique réussi à semer le doute, la confusion ça les arrange, les délaissant de leurs responsabilités envers leurs victimes, tiré du livre *Ovnis; $^1/_2$ siècles de recherches*, de Jacques Dumont, voici une autre hypothèse théorique extraite du livre du grand ovnicien, que je qualifierais de «nouveaux sauveurs de l'humanité», avec leur technologie avancée, voici donc l'extrait tel quel:

«des véhicules aériens non identifiés ont été observé visuellement et suivis sur les écrans radar d'installations militaires et civils. La récupération par l'armée de certains de ces appareils et leur étude par plusieurs services compartimentés a conduit à la découverte d'une nouvelle source d'énergie. Ces technologies pourraient mettre un terme à la crise énergétique et au réchauffement global qui s'annoncent si l'humanité ne renonce pas aux produits fossiles. Ces technologies seraient actuellement pleinement opérationnelles, mais gardées secrètes. La solution définitive au problème de l'énergie, de la pollution et de la pauvreté existe déjà dans des projets compartimentés qu'une législation appropriée pourrait rendre publique.»

Comme nous pouvons le constater, les extraterrestres et leur technologie avancée pourraient sauver l'humanité!! C'est rire du monde, c'est pernicieux, vraiment fallacieux car les problématiques énumérées ne sont pas drôles du tout. Quand l'approvisionnement énergétique que l'on connaît actuellement amène à des guerres, que de millions sont dépensés chaque jour, des milliers de vies sacrifiés pour le «pétrole», il est odieux, honteux de prétendre à de telles utopies, chimères. Ces substitutions des faits sont sans limite; en voici quelques exemples, dont deux se produisirent au Québec. Avec notre immense réseau Hydro-électrique et ses lignes de transport à très haute tension, nous sommes sujet invariablement à des bris, des altérations, que ce soit la foudre, le verglas ou encore même le terrorisme. Une problématique cependant, qui est une falsification, en vue de mettre en présence les ovnis, dont ils seraient la cause de certaines pannes du réseau d'électricité, dont voici quelques exemples. Le soir du 23 juillet 1971, une panne générale d'électricité plongea le Québec dans la noirceur totale. Le même événement se produisit aux États-Unis, le 9 novembre 1965, une panne généralisée sur tout le nord-est du pays. Dans la nuit du 26 février 1974, un autre événement similaire se produisit dont le grand ovnicien auteur du récit; *ovnis 1/2 siècle de recherche*, en a fait la page couverture de son livre.[5] Débutons par la version ovnicienne, ensuite on exposera la vérité, la réalité de ces événements. Dans la nuit du 26 février 1974 un engin étrange mystérieux immobile d'au moins 30 pieds de longueur, scintillant et de forme ovoïde, fût aperçu à environ 80 kilomètres au nord est de Baie-Comeau (Québec), dans une installation forestière. Le 9 novembre 1965 à la station Clay (new York), au nord-est des États-Unis, des témoins auraient constaté la présence d'ovnis à proximité d'installations électriques importantes, dont ils seraient responsables des fameux «black-out». C'est la version des ovniciens. Revenons au Québec en ce soit du 23 juillet 1971 ou tout le Québec fût plongé dans le noir, des objets lumineux insolites auraient été aperçus à proximité du poste Manicouagan, aux abords de la route 389 où se trouvent d'importants aménagements Hydro-électriques. Ces soi-disant objets filaient à vive allure, et seraient responsables de la panne d'électricité dû à leur champ électromagnétique!

Phénomène attribuable aux ovnis selon l'ovnicien auteur du «*procès des soucoupes volantes*». Revenons à la réalité, la véritable cause de ces altérations des réseaux de distribution (lignes électriques) ce sont les éruptions solaires et les éjections de masse coronale, accompagnant ces éruptions. Ces tempêtes solaires destructives lors d'éruptions solaires se manifestant par un bombardement de particules, des éjections de masses coronales émettant des niveaux de rayonnement extrêmement dangereux pouvant créer des surtensions dans les réseaux de distribution électrique (au Québec, c'est un

---

[5] Voir photo

Page couverture OVNIS $^1/_2$ siècle de recherche, *Jacques Dumont.*

immense réseau de lignes à très haute tension). Lors d'éruption solaire, un flot de particules, de rayons X, d'ultraviolets, de gaz ionisé viennent percuter la Terre avec les conséquences désastreuses pour les lignes à haute tension. Souvent les dommages et dangers sont considérables comme en Suède ou 50 000 personnes se retrouvèrent privé d'électricité ou chez nous comme on a pu le constater antérieurement. C'est un phénomène normal; suivant un cycle qui atteint un pic tout les onze ans, c'est le fameux « cycle du Soleil », dont l'origine échappe encore aux scientifiques. Cependant, pour expliquer les éruptions solaires, les astrophysiciens ont proposé, au fil des ans, divers scénarios de complexité croissante, invoquant par exemple la convergence d'un grand nombre de courants différents, ou des ondes de plasma turbulentes et leur champ électrique aléatoire associé. De telles configurations peuvent sans doute déclencher une éruption, mais elles ne peuvent rendre compte de toutes les observations, en particulier des éjections de masse coronale qui accompagnent parfois les « grandes éruptions ».

Une photo vaut mille mots!

En ufologie, souvent on nous montre des photos d'ovnis, souvent controversées ou falsifiées, truquées. Regarder bien celle-ci, elle n'est ni truquée, ni falsifiée; mais bel et bien authentique. Que voit-on exacte-

Ci-haut: quatre phases successives de l'éclipse totale de juin 1973, vue d'avion.

Ci-haut: la même éclipse vue du sol (les aberrations visibles au-dessus de la maison sont dues au reflet de l'appareil dans le filtre).

ment? Des composantes ellipsoïdales et un ovoïde discoïdal, qu'est-ce que c'est? Et bien tout simplement une éclipse, voyez la photo suivante, numéro 18, en quatre phases successives vue d'un avion, les aberrations de la photo numéro 17, sont dues au reflet de l'appareil photographique dans le filtre. Sauf que pour un esprit ludique il n'y a

La supernova de 1987 illumine son passé

En 1987, une étoile explosait dans le Grand Nuage de Magellan. L'événement est resté visible à l'œil nu pendant plusieurs mois. Les images recueillies par le télescope spatial *Chandra* révèlent aujourd'hui que l'onde de choc de cette supernova, nommée SN 1987a, atteint les frontières de la cavité creusée auparavant dans le gaz par l'étoile défunte, et qu'elle illumine l'anneau circumstellaire. Les astronomes ont identifié l'étoile qui a explosé et qui a donné naissance à SN 1987a : c'est une super-géante bleue nommée *Sanduleak 69*, 20 fois plus massive que le Soleil. Ils en ont retracé l'histoire. Née il y a dix millions d'années, l'étoile a progressivement éjecté ses couches externes sous la forme d'un vent stellaire modéré durant le dernier million d'années de sa vie, formant ainsi un vaste cocon de gaz. Peu avant l'explosion de l'étoile agonisante, le vent stellaire s'est intensifié et accéléré, creusant une « cavité », c'est-à-dire une zone

de faible densité, dans le nuage de gaz. Quand *Sanduleak 69* a explosé, une onde de choc s'est propagée à l'intérieur de la cavité. *Chandra* en a détecté la trace dès 1999. Aujourd'hui, cette onde de choc a atteint le bord interne de la cavité creusée par le vent stellaire rapide. En rencontrant le gaz plus dense déposé par l'étoile par le passé, elle le porte à plusieurs millions de degrés, provoquant une flambée de rayonnement X [a]. Les images en lumière visible prises par le télescope spatial *Hubble* montrent un chapelet de points brillants répartis sur l'anneau circumstellaire [b]. Ils correspondent à l'interaction de l'onde de choc avec des protubérances de gaz froid sortant de l'anneau vers le centre de la cavité, sculptées par le vent stellaire rapide. La progression de l'onde de choc pourrait révéler les limites, encore inconnues, du cocon de gaz tissé par l'étoile défunte.

Philippe Ribeau-Gésippe

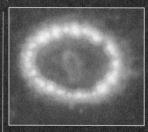

L'observation des vestiges de la supernova SN 1987a révèle la présence d'un intense rayonnement X [a] et de points brillants en lumière visible [b]. Ces observations traduisent l'interaction d'une onde de choc avec le bord interne du cocon de gaz entourant l'étoile défunte *Sanduleak 69*.

Astrophysical Journal Letters, vol. 628, pp. L 127-L 130, 2005

qu'un pas à franchir pour y voir un phénomène ufologique. Voyons un autre exemple, photo graphique ici (numéro 19) ce sont les vestiges de la super nova Sn 1987, l'événement est resté visible à l'œil nu pendant plusieurs mois l'illumination de son anneau circumstellaire pourrait, lui aussi, porter à confusion. Ces exemples nous prouvent que la photographie même sans truquage peut porter à confusion, alors imaginons ce qui peut se produire lorsque c'est sciemment voulu. C'est pourquoi même si des photographes d'ovnis et autres documents, films abondent on ne peut y porter foi.

Les intra terriens et les extra-terriens. Ceux-ci, ils existent bel et bien, mais en quantité très restreinte, ce sont en l'occurrence bel et bien des humains ; soit vivant à l'intérieur de la terre (sous terre) ou à l'extérieur de la terre dans l'espace. Ils ne sont que quelques-uns, présentement sur la station spatiale internationale (SSI) à y vivre en permanence. Un fiasco cependant, déchu, un cul sac informatique, un déchet prochainement. Mais leurs erreurs leur serviront de leçon. La prochaine génération à habiter à l'extérieur de la planète, ingénieurs cosmonautes, techniciens informaticiens, seront mieux équipés, pourront satisfaire à tous leurs besoins sans ravitaillement de la terre ou de la base lunaire, pour y vivre en permanence. Les communications seront les seuls échanges avec la terre. Les intra terriens, quant à eux, ce sont surtout des militaires aux aguets, à leur écran, à l'affût de lancer sur ordre présidentiel leur arsenal de missiles nucléaires. Sauf qu'eux, ils n'y vivent pas en permanence, il y a une rotation de personnel. Il y a aussi les abris anti-nucléaires privés et gouverne-

2004, HUBBLE ULTRA DEEP FIELD est l'image la plus profonde de L'UNIVERS.

mentaux. En cas de conflit nucléaire généralisé, planétaire, ils pourraient y vivre longtemps. On peut dire aussi que l'exploitation minière, les mineurs, occupe des hommes dans la plupart des cas, à travailler sous terre une partie de leur vie. En Roumanie, à Târgu, existe un complexe souterrain comprenant une église Orthodoxe, un lac, un court de tennis et un sanatorium, le tout aménagé à 240 mètres de profondeur dans une ancienne mine de sel. La température constante, l'atmosphère riche en ions négatifs et en chlorure de sodium en fait un climat idéal pour les asthmatiques. Examinons une autre sorte d'intra terrien, qu'on se plait à nommer les intra terrestres, ce sont des soi-disantes civilisations issues du passé, antédiluvien, doté soit d'une très haute évolution ou de pouvoirs spéciaux... Leur appartenance s'apparente d'ailleurs fort bien avec les tenants de l'ufologie et/ou sectes religieuses. Mais encore une fois, aucun indice probant, aucune piste sérieuse ou preuve scientifique nous en prouve l'existence, ce pourquoi, ils sont incontestablement placés dans l'ordre existentiel, comme faisant partie des «inexistants» comme les extraterrestres, les soucoupes volantes, les anges ailées, démons cornus, monstres mythologiques, etc. Du fantastique, de la fiction; donc «inexistant» dans la réalité concrète. Abordons un autre sujet controversé, fantastique l'exobiologie, comme je l'ai déjà dit la découverte récente d'exo planètes soulève encore le débat, mais à ce jour rien ne prouve ni confirme la moindre existence de vies même microscopique dans le cosmos. «Force est de constater que cette discipline reste à l'aube du troisième millénaire dépourvue du plus petit fait positif» propos de Charles Cockell microbiologiste. «Quarante ans d'exploration n'ont pas pu apporter la moindre preuve qu'une forme de vie, même primitive, ait pu se développer ailleurs que sur notre petite planète bleue.» Valérie Greffoz, science et vie 2006. La littérature contemporaine et scientifique nous offre en abondance des voyages intergalactiques à des vitesses proches de celle de la lumière. Lors de voyages intersidéraux à la vitesse de la lumière, (le temps propre) des cosmonautes qui vieillissent d'un an pendant que leur planète d'origine vieillit d'un siècle, est-il contracté ou dilaté? Dans l'optique de la planète d'origine, il est contracté. Les cosmonautes ont condensé un siècle en un an; dans l'optique des cosmonautes, il est dilaté, en un an ils ont exploré un siècle. La dilatation du temps comme sa contraction ou transgression temporelle sont des domaines qui relèvent de la science-fiction. Tout comme les voyages intersidéraux ou intergalactiques jamais on ne pourra s'approcher, obtenir ou atteindre cette vitesse même en accélération constante. Car seulement la lumière, le rayon lumineux, le photon, ce flux luminescent, le rayon de lumière peut atteindre cette vitesse puisque la lumière n'est pas composée de matière. Le rayonnement lumineux, les ondes, les sons, radiations sont d'essence, d'une composition, autre que la matière physique, organique ou biologique et minérale or donc, la réponse nous vient d'elle-même. Tout appareil, cosmonef, astronef ou autre avec des êtres vivants à l'intérieur seraient de «matière». Même si l'on s'imagine des extraterrestres arthropodes dans une soucoupe volante en aluminium, ils seraient de matière obligatoirement soumis aux mêmes lois

AVRO Oliac 1953 Portical (Official U.S. Air Force Photo)

Lenticular Reentry Vehicle

X-ist Lenticular Reentry Vehicle, America's Nuclear Powered Flying Saucer
A standard X-ist weapon of mass destruction pleasure saucer. Prankster "Bob" must have been playing both sides
back then, pretending to be a subgenuius protector and at the same time selling X-ist saucer secrets to the
government. Well...I guess that's to be expected.
The official designation for America's nuclear flying saucer was the Lenticular Reentry Vehicle (LRV). But we know
it for what it really was. Take note that the X-ist Sonic Paralysis Unit developed by Rev. Dead Corpse is not shown
though the subgenius/sex goddess staterooms are obvious, although not specified as such. The drawings are obviously

physiques universelles. Dans son livre; (ces dieux qui firent le ciel et la terre) l'auteur, Jean Sendy, spécule abondamment sur ces hypothèses farfelues, mais très convaincantes tant que l'on suit l'exposé... Ces hypothèses, ces spéculations, comme cette thèse voulant que la Bible soit le récit, l'histoire d'humains comme nous, mais arrivant de lointaine galaxie et ayant comme objectif de transformer la planète terre «viable» et la «peupler» est fascinante. Tout de même, en tant qu'histoire de science-fiction, bien entendu, ce qui n'est pas le cas il se croit et prend son histoire pour la réalité. Comme le côté pile et le côté face d'une pièce de monnaie, quelque fois, il dit vraie et souvent il fabule. Lorsqu'il émet l'hypothèse d'un grand «architecte de l'univers» ou cette hypothèse, il se refuse à un article de foi pour une explication scientifique vers un dilemme. «L'homme à souvent été défini comme animal religieux ayant un esprit métaphysique croyant en un ordre supérieur auquel toute l'univers est soumis.» Encore une fois, dans la Bible, le prophète Ézéchiel décrit des êtres terrifiants,

> «un immense tourbillon entouré de feu vint du nord. Du centre du tourbillon sortirent quatre créatures. Ces créatures ressemblaient quelque peu à des personnes, mais elles avaient quatre visages: ceux d'un homme, d'un lion, d'un bœuf et d'un aigle. Chaque créature avait quatre ailes et des pieds couleur de bronze».

De nombreux savants croient la chose possible, ils pensent que notre monde n'est pas la seule civilisation avancée de l'univers, peut-être existe-t-il des êtres vivants et intelligents quelque part dans l'univers, quoi que en réalité, les écrivains et artistes ont su chercher à décrire les créatures fantastique qui peuplaient leur imagination! On attribue ces visées d'esprit comme étant de la science fiction. Au temps biblique, on utilisait, le symbolisme comme allusion métaphysique. Les exemples comme, les anges ailés, démons cornus et autres contes divers contenus dans la bible en témoignent.

L'Avro Car (1952-1961) Home

Alors que l'Avrocar a été le résultat officiel du projet Silver Bug, appareil qui fut peut être le premier appareil a coussin d'air au lieu d'un intercepteur supersonique en forme de disque, les ufologues se sont longtemps posé la question si le projet s'était soudainement arrêté avec le développement de l'Avrocar, lequel était un flop pour le vol.

Cette soucoupe, exemple de l'intérêt manifesté par l'USAF pour les appareils en forme de soucoupe, fut en fait un échec. Il devait décoller verticalement, voler à 480 km/h et s'arrêter en plein vol pour rester suspendue à n'importe quelle altitude. Le projet dut cependant être abandonné : il sigzaguait tellement en volant qu'il fallut l'attacher avec des filins d'acier. Son altitude de vol maximum ne put dépasser 1,22 m. D'autres ingénieurs modifièrent sa forme de disque et en firent un ovale ; les résultats furent un peu meilleurs, mais la forme classique des avions, avec ailes et fuselage, reste la mieux adaptée au vol aérien.

Un projet canadien avorté (1952-1954)

En 1952, Avro Aircraft Ltd, une compagnie canadienne située à Malton près de Toronto, commence à développer un chasseur-bombardier supersonique unique qui pourrait décoller et atterrir verticalement, voler à de basses altitudes sur un coussin d'air (également appelé effet de sol) ou accélérer à de hautes vitesse à de plus hautes altitudes. Le concept semble prometteur et le gouvernement canadien accepte de financer l'étude.

Avro-Canada, toutefois, est rapporté fonctionnel en 1953 par le *Toronto Star*. Le 16 Février de cette année-là, le Ministre de la Production pour la Défense informe le parlement Canadien que l'Avro fonctionne en tant que modèle réduit de soucoupe volante, qu'il est capable de voler à 1500 milles/h et de grimper verticalement. Le président de Avro-Canada écrit aussi dans le *Avro News* que le prototype en train d'être construit était si révolutionnaire qu'il rendra toutes les autres formes d'appareils volants supersoniques obsolètes.

Le 15 septembre 1953, le *New York Times* publie un article relatant la visite officielle du lieutenant-général Donald Putt de l'ARDC sur le site la compagnie Avro à Malton, où il rencontre le docteur O. M. Solandt du DRB canadien, et se déclare impressionné par la maquette d'un appareil VTOL du « Project Y ».

En juin 1954 Avro Canada produit un rapport intitulé Project Y2 : Flat Vertical Take-Off Supersonic Gyroplane. Le rapport décrit un appareil circulaire utilisant des moteurs conventionnels pour la puissance, avec un cockpit au centre de l'appareil. Les entrées pour vol vers l'avant sont situées au sommet et à la base de l'appareil, devant le cockpit. Pour le décollage vertical, les entrées sont situées dans un anneau intérieur sur la surface supérieure. Les échappements sont situés sur le pourtour de l'appareil.

Durant le décollage, l'air devait passer par des fentes sur la surface supérieure du disque vers des moteurs montés de manière radiale qui pourraient éjecter leur échappement à la périphérie de l'appareil. À ce point l'échappement serait rediriger vers le bas par une série de vannes ou volets. Cette méthode de redirection de l'échappement en plaçant stratégiquement un volet dans le flux d'air est connue sous le nom de « effet Coanda », nommé ainsi après sa découverte par Henri Coanda, un ingénieur Roumain qui fut lié aux expérimentations de soucoupes allemandes durant la seconde guerre mondiale. L'effet aide à créer un coussin au sol. À l'atterrissage, le coussin au sol agirait pour amortir tout impact soudain. En vol vers l'avant, les mêmes volets redirigeraient l'échappement vers l'arrière avec l'air fourni par les entrées à l'avant. L'appareil devait atteindre des vitesses entre 1720 et 2300 miles/h et atteindre une altitude maximum entre 71 000 et 80 600 pieds, avec une capacité de stationner jusqu'à une hauteur de 18 000 pieds.

Cependant, le contrat arrive à son terme avant que l'étude soit terminée et en 1954 le gouvernement abandonne le projet qui est trop coûteux. Le Vendredi 3 Décembre 1954, le Regina Leader Post publie :

> Projet de Soucoupe Interrompu *** C.D. Howe [connu comme le Ministre de Tout] révèle un appareil de 100 000 000 $ sans intérêt

> LONDON (Reuters) — Le Ministre du Commerce Trade a indiqué Jeudi que des scientifiques Canadiens travaillent depuis 18 mois sur un projet de soucoupe volante de 100 000 000 $ mais qui a été finalement interrompu.

> Howe... indique que la compagnie Avro Canada avait prévu l'appareil de forme ovale mais qu'elle a finalement abandonné.

«Nous avons fait de l'ingéniérie dessus et nous sommes prouvé à nous-même qu'elle pourrait voler mais nous ne l'avons pas mené jusqu'à l'étape de prototype car elle ne semblait pas avoir de but utile» a-t-il déclaré.

«Cela a coûté près de 100 000 000 $ pour le développer et n'a pas semblé suffisamment prometteur pour qu'il soit intéressant d'aller plus loin»

Reprise par les américains (1955-1961)

Malgré tout, les travaux sont suffisamment progressé pour intéresser les américains. En Juillet 1954, les gouvernement des États-Unis signe avec Avro deux contrats de près de 2 millions$ pour continuer l'étude, et Avro met 2,5 millions$ de sa poche. Le programme reste au Canada mais est maintenant detenu et contrôlé par les États-Unis. Avro le nomme *Projet Y* mais le Département de la

Défense américain le désigne sous le nom de *Weapon System 606A*.

Récemment, il a été découvert des photographies prises dans un laboratoire secret et datant des années 1950s. Elles révèlent, pour la première fois, le développement par l'Angleterre d'un avion furtif en forme de soucoupe, peu après la 2nde guerre mondiale.

Les photos, prises dans un centre de recherche au Canada, montrent un avion a réaction révolutionnaire conçu par l'ingénieur anglais John Frost. Les experts en aviation qui ont étudié les photos, la semaine dernière, disent que le jet contient plusieurs des caractéristiques de l'avion furtif américain. Le travail sur cet appareil volant fut nommé Projet Y. Frost et son équipe ont travaillé, au début, sur une machine en forme de disque et à décollage vertical, mais à la fin, sur un appareil volant en forme d'arc. Les photos sont une découverte merveilleuse dit David Windle, qui a cherché sur l'histoire du projet Y. C'est une technologie que l'Angleterre a perdu et il est dommage que le projet ait été abandonné. Qui sait ce qui serait arrivé s'ils avaient continué.

Les photos ont été prise dans un laboratoire à Malton, à côté de Toronto, ou Frost a travaillé avec le Avro du Canada, une sous division de la firme Avro, afin de développer un avion à réaction pour le gouvernement canadien. Il voulait créer une appareil capable de voler à 2500 miles/h et pouvant décoller et atterrir sur sa queue. L'existence du Projet Y a été connu pendant des années, mais aucune images de l'appareil n'a jamais été trouvée. Un chercheur a, par hasard, découvert ces photographies dans un dossier des archives publique de Kew.

La forme de soucoupe allongée a été utilisé à cause des réacteurs radiaux conçus pour la propulsion. Les moteurs étaient conçus pour émettre leurs gaz d'échappements à travers plusieurs petits jets, augmentant ainsi la puissance de l'appareil. Des experts en aviation disent que le prototype aurait pu être invisible au radar à cause de sa section fine. Il aurait aussi pu éviter les missiles ennemis à cause de la faible chaleur sortant des multiples jets. Il n'est pas connu pourquoi ce jet révolutionnaire n'a jamais été mis en production, mais le projet a été abandonné avant que l'avion puisse faire son premier vol d'essai. Alex Raeburn, à l'époque assistant dans la fabrication du Avro, décrit la vie de secret de cette base. La sécurité était très étroite dit il, des gardes armés étaient stationnés aux portes et les dessins étaient récupérés dès que nous avions fabriqué les composants. En fait, nous ne savions jamais exactement ce que nous fabriquions Verne Morse, un des membres de l'équipe qui a travaillé sur le projet secret dit qu'il est étonné que des photos aient survécu à cause du niveau de secret entourant ce projet. Il décrit comment il a vu un modèle ultérieur conçu par l'équipe. Quand je l'ai vu (l'avion) pour la première fois, cela m'a assommé dit il, j'avais entendu des rumeurs selon lesquelles nous étions en train de travailler sur une soucoupe volante, mais je n'en tenais pas compte. Et maintenant, je le regardais, et j'étais interloqué.

Raeburn dit qu'il a été témoin du test de l'appareil en forme de soucoupe par le pilote Spud Potocki. Je me rappelle de lui en train de voler au dessus des fenêtres du hangar et ressemblant à un oiseau vrombissant. Quand il a volé par temps froid, les moteurs aspiraient des morceaux de glaces et les recrachaient en paillettes. Elles flottaient partout dans l'air et brillaient dans la lumière du soleil.

Le professeur Michael Graham, professeur en aérodynamique pour le Collège Impérial dit : Dans les années 50, il y avait beaucoup d'intérêt pour des appareils volants de formes différentes. C'était comme une sorte d'aile volante. Sa capacité de survol était pratique pour atterrir dans des endroits inégaux.

Pendant que Frost travaillait sur le projet Y, des ingénieurs américains étaient en train de développer leur propre jets à très hautes vitesses dans des bases en Californie et au Nevada, ce qui entraîna le développement d'avions espions tels que le U2.

En 1958, l'U.S. Army et l'USAF prend le contrôle du projet, nomment le véhicule Avrocar et désignent VZ-9AV ('VZ' pour vol vertical expérimental ; '9' pour la 9ème proposition de concept, et 'AV' pour Avro). Mais l'Avrocar VZ-9AV ne correspond pas vraiment aux espérances des stratèges de l'armée, qui cherchaient un véhicule de reconnaissance et de transport de troupes tous terrains, quelque chose de robuste et adaptable qui pourrait remplacer un appareil léger d'observation ou des hélicoptères. Ils voulaient un appareil pour deux hommes qui pourrait assumer les rôles traditionnels de la cavalerie : reconnaissance, coutre-reconnaissance, poursuite, harcèlement filtrage. En plus de son propre poids, la soucoupe doit transporter 450 kg (1000 livres) dont l'équipage. Elle doit aussi rester stationnaire en effet de vol et à de plus hautes altitudes, et voyager à des vitesse de l'ordre de 48,3 kph (30 miles/h) durant au moins 30 mn. En gros, l'armée veut une jeep volante. Les gens de l'USAF veulent autre chose. Ils demandent un appareil VTOL qui pourrait voler près du sol, en-dessous de la couverture radar ennemie, puis foncer dans la stratosphère à des vitesses supersoniques. Pour satisfaire les deux demandes, l'Avrocar nécessitera une énorme enveloppe de performance et, plutôt naïvement, les ingénieur de Avro pensent qu'il peuvent construire une jeep volante supersonique. John Frost est ingénieur en chef du projet pour le Weapon System 606A, l'Avrocar. Un des aspects les plus étranges de la conception de Frost est sa forme. L'appareil entier est une aile circulaire de la forme d'un Frisbee. À une certaine distance, l'Avrocar d'aluminium luisant ressemble aux disques volants biens connus à cette époque. Frost et son équipe de conception dotent l'appareil de 3 moteurs de turbines à gaz et l'échappement combiné de ces stations de puissance pilote un «turborotor» monté au centre du véhicule. La poussée du turborotor passe à travers une combinaison de canules annulaires et de gicleurs périphériques pour générer les forces de d'ascension et de contrôle. Sur le papier, la conception promet des décollages et atterrissages verticaux et les vitesses de croisière jusqu'à 322-483 kph (2300 miles/h) à une altitude de 3040 m (10 000 pieds). On pense que, au final, l'appareil pourra atteindre des vitesses supersoniques. Un modèle à l'échelle est envoyé à Wright Field hors de Dayton (Ohio) pour des essais. Tout d'abord, les résultats des essais semblent confirmer les calculs de Avro mais un examen ultérieur des données révèle une sérieuse déception. Le jet d'air généré par le turborotor pour placer l'appareil sur un coussin près du sol montre une instabilité croissante dès que les altitudes dépassent quelques pieds. Le problème pourrait être résolu mais en réduisant la performance finale de l'appareil. La soucoupe ne volera probablement jamais à des vitesses supersoniques. Malgré cette déception, les américains décident de maintenir le programme et espèrent que les besoins de l'Army pour un appareil subsonique seront au moins satisfaits.

Diamètre de 5,5 m (18 pieds 0 pouces), Hauteur de 1,47 m (4 pieds 10 pouces), poids à vide de 2095 kg (4620 livres), Gross 2563 kg (5650 livres) 3 moteurs, Continental J69-T9 turbojets, poussée de 417 kg (927 lb)

Premiers essais et ambitions revues à la baisse (1959)

À l'automne 1959 le premier prototype d'Avrocar s'élève sur le tarmac de la taxiway de Malton. Avro a déjà bien avancé sur un second prototype. Les essais sur le premier véhicule commencent, utilisant un dispositif d'essais spécial pour suspendre l'Avrocar dans l'air. Les résultats mènent à

des modifications immédiates aux cannelures annulaires, un élément-clé pour l'ascension et la propulsion de l'appareil. Après avoir revu la cannelure, Avro package l'Avrocar comme une grosse assiette et le livre au Ames Research Center de la NASA à Moffett Field (Californie). La NASA possède à Moffet une soufflerie assez grande pour contenir le VZ-9AV. Dans le même temps, Avro termine le second prototype et commence les essais de vol, utilisant un cordon de sécurité, en septembre 1959.

En 1959 Jack Judges, un caméraman indépendant survolant le site de la compagnie Avro au Canada, voit et photographie un appareil au sol en forme de disque (ci-contre). Après que la photo ait été publiée dans les journaux, les spéculations vont bon train sur le fait que le disque soit une arme secrète, qui pourrait également expliquer beaucoup des d'observations de soucoupes faites les années précédentes. En réponse à ces spéculations, l'USAF publie la photographie officielle de l'appareil: il est nommé « Avro » et a été lancé pour la première fois en 1955.

Le premier vol libre intervient plus tard à l'hiver 1959. Ces essais de vol initiaux révèlent un problème identique à celui découvert dans les premières études. À des hauteurs de 0,9 m (3 pieds), l'Avrocar montre un mouvement de déviation incontrôlable ainsi qu'un roulis considérable. Le mouvement est si unique que l'Avro lui donne un nom: « hubcapping. » Ce « hubcapping » intervient lorsque le coussin d'air supportant l'appareil près du sol devient instable. Le problème est si prononcé que le vol au-dessus de 0,9 m (3 pieds) est impossible. L'USAF procède à deux vols d'évaluation à Malton en Avril 1960 et en Juin 1961. Durant ces essais, l'Avrocar atteint une vitesse maximum de 56,3 kph (35 miles/h), mais toutes les tentatives pour éliminer le hubcapping échouent. Le centre Ames de la NASA explorent l'autre extrêmité de l'enveloppe de vol dans le tunnel à vent. Ils découvrent que le VZ-9AV a un contrôle insuffisant pour le vol de haute vitesse et est aérodynamiquement instable. L'ajout un empennage conventionnel (queue verticale et horizontale) n'améliore pas ces caractéristiques de vol.

Contexte du Programme Avrocar: (Rapport sur le Déroulement du Programme Pré-Phase I Partie I et Programme de Développement Partie 2, Appareil Supersonique VTOL, Document AVRO, 30 Septembre 1959)

AVRO communiqua des propositions pour une plateforme circulaire VTOL au Panel de Recherche de la Défense Canadien en 1952. Cela déboucha sur une étude de conception. En 1953, un modèle fut testé au R.U. avec des résultats satisfaisants. En raison de coûts élevés, le Canada décida d'abandonner le projet.

Les É.U. devirent alors intéressés et confièrent à AVRO un contrat hors-profits pour 784 492 $ en 1955. Le projet fut désigné Projet 1794. Des études montrèrent des résultats favorables. Finalement, AVRO continua le travail avec ses propres fonds, désignant le projet P. Y. 704. Puis en Mars 1957, l'U.S. Air Force étendit le projet 1794 avec l'Accord Supplémentaire #3 à AF39(600)-30161 et redésigné le Projet 606A (606A est le nombre).

En Février 1958, AVRO démarre un projet pour l'U.S. Army et le projet est alors appelé Avrocar. En Mars 1958, était alors un projet Avrocar commun à l'Armée/USAF, avec l'intention d'aboutir à un chasseur-bombardier.

En 1958, le Laboratoire des Appareils a de nombreux doutes sur la faisabilité ainsi qu'il l'exprime dans la correspondance et les examens du projet. Sur la base de divers tests, le Laboratoire des Appareils note en Février 1958 que l'Avrocar ne sera probablement pas capable de réaliser des vols supersoniques. Néanmoins, des tests et études supplémentaires sont recommandés. Il y a des doutes que l'on puisse en faire une arme satisfaisante pour l'USAF au début de 1958. Quelques mois plus tard, le Laboratoire des Appareils déclare que le concept est réalisable (Avrocar), mais que beaucoup de travail est nécessaire avant qu'il soit jamais opérationnel — de sérieux problèmes mécaniques, problèmes de moteur, problèmes aérodynamiques, et facteurs de vol inconnus. En 1959, AVRO change son idée à propos d'une plate-forme circulaire pour des vols supersoniques et s'oriente vers des conceptions plus traditionnelles. Dans le même temps (mars 1958), le Laboratoire des Appareils indique à l'Armée qu'un hélicoptère correspondrait à ses besoins et serait bien moins coûteux et plus facile à construire. En 1959, l'Avrocar projeté doit être propulsé par 3 moteurs Continental J69-T-9 (turboprop), chacun avec un degré militaire de poussée de 920 livres.

Abandon et musée (1961)

Les problèmes techniques semblent insurmontables et l'USAF met fin au programme en Décembre 1961 après avoir dépensé 10 millions$. Les deux Avrocars finissent aux États-Unis. Le premier reste au centre Ames de la NASA après que le projet soit abandonné. Le second qui a volé pour les essais de vols limités au Canada finit par arriver en Virginie au Musée des Transport de l'U.S. Army à Fort Eustis à l'Est de Richmond (Virginie). Frost quitte Avro et part en Nouvelle Zélande, ou il finira ses jours.

Examen Sommaire du Programme d'Évaluation de Prolongation pour l'Avrocar, Avro Acft Ltd, mai 1961. Ceci couvre la période de juillet 1960 à mai 1961, sous contrat de l'USAF AF33(600)-42163, S. W. 13

2 appareils furent construit dans le cadre du programme Avrocar qui pris fin en avril 1960. L'un d'eux passa les tests dans le tunnel subsonique Ames 40 x 80 pieds et l'autre fut utilisé pour des tests de vol stationnaire à Malton (Ontario).

Les tests en soufflerie furent insatisfaisants — le contrôle de concentration d'anneau n'était pas exploitable pour le contrôle durant le vol en avant. Les essais de vol stationnaire, d'un autre côté, furent rapportés comme fructueux. En conséquence, le Programme d'Évaluation de Prolongation fut démarré — essais statiques et en vol, tests de modèles, et tests en soufflerie. Les objectifs furent apparemment atteints et AVRO est supposé en avoir un avec un moteur VTOL bonafide.

D'autres enregistrements déclassifiés, récupérés par *Popular Mechanics* au cours de son enquête, suggèrent que le Avro Car, construit pour l'armée, et une autre aile volante en contre plaqué, furent conçus pour déguiser l'existence de machines volantes plus formidables.

Le 5 janvier 1966, probablement suite à la vague d'observation de 1965-1966, on demande à l'historien de l'USAF R.D. Thomas de produire un bref historique de l'implication de l'USAF dans les projets Avro de type VTOL. Classé « Secret » et conçu pour un usage interne, il confirme les dates et informations techniques trouvées dans d'autres documents. Le rapport de l'ATIC/WADC sur le projet sera déclassé le 29 mars 1995.

L'Avrocar

En avril 1966, l'USAF contacte le Smithsonian Air and Space Museum pour lui dire que le VZ-9AV est à leur disposition au centre Ames de la NASA. En 1975, le Musée National de l'Air et de l'Espace acquiert le premier Avrocar (numéro de série 58-7055). Le musée conserve actuellement l'appareil au Bâtiment de Restauration Garber de Silver Hill (Maryland).

Références:

• «U.S., Canada Study Disc-Like Fighter», *New York Times*, 15 septembre 1953

• UFO Folklore/The London Sunday Times — Trad par Them

• Blake, William B. *The Avro VZ-9 'Flying Saucer'*.

• *Skeptical Inquirer*, Vol. 16, (Spring 1992), 287-291.

• —, and Lindenbaum, Bernard. *Out of the Past: Progress? The VZ-9 'Avrocar'*. Vertilifts, Spring 1998, 40-43.

• Douglass, Robert G. «Flying Saucers From Canada», Invention & Technology, Vol. 11, (Winter 1996), 58-63.

• Murray, Daniel C. «The Avro VZ-9 Experimental Aircraft — Lessons Learned». Presented at the AIAA Designs, Systems, and Operations meeting, September 1990, Ohio. Avro VZ-9AV Avrocar Curatorial File, Aeronautics Division, National Air and Space Museum.

• The Guardian 25 Septembre 1999: Canada's Avro 'Flying Saucer' — And German Disc Technology par Julian Borger

• Leake, Jonathan (journaliste scientifique), «Revealed — Britain's 1950s flying saucer», *The Sunday Times*, 26 Mars 2000

Le Soleil

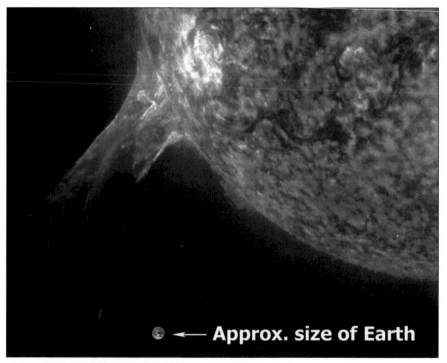

Une proéminence solaire éclatante de SOHO.

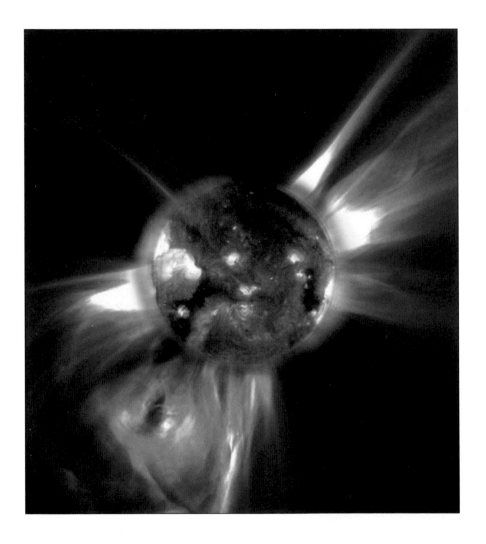

Tempête solaire : une éjection de masse coronale.

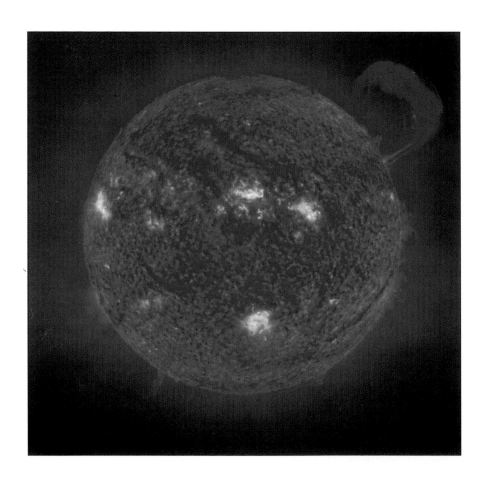

Des champs magnétiques mouvants et du plasma brûlant, tels sont les ingrédients d'une éruption solaire. La recette expliquant comment les combiner pour former une éruption n'a été que très récemment déchiffrée.

Des boucles de gaz très chaud hérissent la surface du Soleil, comme le montre cette image en ultraviolet extrême (à droite) prise par la sonde spatiale TRACE (Transition region and coronal explorer). Les courbes lumineuses matérialisent le champ magnétique local (lignes vertes ci-dessous), qui se déplace tandis que les mouvements du plasma sous la surface décalent les « pieds », c'est-à-dire les zones où les lignes de champ sont ancrées.

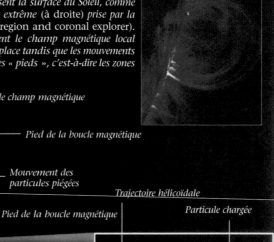

Lignes de champ magnétique

Pied de la boucle magnétique

Mouvement des particules piégées

Trajectoire hélicoïdale

Pied de la boucle magnétique

Particule chargée

Les particules chargées du plasma se déplacent en tournant le long des lignes de champ magnétique (ci-dessus). Quand les lignes de champ convergent, le mouvement des particules le long des lignes ralentit avant de s'inverser. Les particules, piégées, rebondissent ainsi entre les deux pieds d'une boucle magnétique. On soupçonne depuis longtemps que les éruptions sont le fruit d'un réarrangement brutal du champ magnétique, qui chauffe les particules piégées et les projette vers l'extérieur, mais les observations nécessaires à une compréhension détaillée du phénomène manquaient jusqu'ici.

Au plus près du Soleil

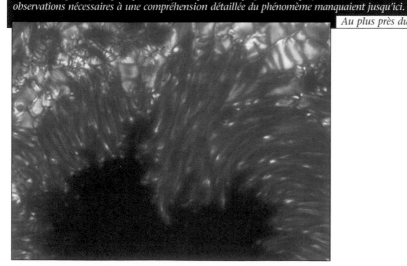

Explication:

Ce stupéfiant groupe de galaxies est loin, lointain d'environ 450 millions d'années-lumière de la planète Terre catalogué comme suit: amas galactique Abel So 740. Dominé par le grand amas galactique elliptique central (SO325-G004), d'une envergure semblable à notre voie lactée spirale. Cette nette vision de Hubble donne un assortiment remarquable de formes et dimensions de galaxies et des centaines de milliards d'étoiles... 8 février 2007

Une vue spectaculaire de la lumière écho des étoiles V838 Mon

Cette image, obtenue en septembre 2006 avec la NASA, téléscope spatial Hubble, montre la lumière écho entourant l'étoile V838 Monocerotis. V838 Mon, située à 20 000 années-lumière de la terre, a connu une brusque flambée au début de 2002, une embellie temporaire à 600 000 fois la luminosité de notre soleil.

Crédit : NASA, ESA, et le Hubble Heritage Team

(STScI/AURA) Remerciements : H. Bond (Space Telescope Science Institute)

Métaphysica

Mot latin, fondé environ soixante-dix ans avant Jésus-Christ, désignant les livres qui traitent de la « philosophie première », et qui traitent arbitrairement de l'être par extension et interprété comme l'ensemble des spéculations qui dépassent les sciences de la nature et permettent de les fonder en remontant à leur principe comme étant la « science des premières causes et premiers principes ». La métaphysique c'est la recherche rationnelle ayant pour objet la connaissance de l'être absolu, des causes de l'univers, et des principes premiers de la connaissance, de l'étude de la matière, de l'esprit, de la vérité, de la liberté, des problèmes existentiels. Les métaphysiciens, défenseurs de la vérité, de la réalité sous toutes ses formes, perceptibles et imperceptibles, toujours en questionnement, sur l'absolu et l'absoluité, se veut le pourfendeur de mystifications dogmatiques, de superstitions ou fabulations scientifiques. Une philosophie en constante évolution s'immisce dans la pensée noématique du métaphysicien.

Socrate, un maître à penser des temps anciens

Socrate : Quitter notre individualité, aimer les êtres comme si nous étions nous-mêmes l'univers rempli d'attention pour sa création. L'individualité n'est que le propre des animaux en compétition les uns contre les autres pour la survie. Nous devons nous aimer non pas toutefois comme des animaux qui s'accouplent mais en tant qu'esprit. Ainsi pourrons nous conclure que c'est ainsi que l'on agit bien et que, sans s'en rendre compte on se rappelle sa nature divine.

Socrate, mort en 300 avant J-C, fût accusé d'impiété, de ne pas honorer les Dieux de l'époque. À Athènes, on l'accusa à tort, d'introduire des divinités nouvelles et de corrompre la jeunesse. Condamné à mort par le Tribunal d'Hélié, il mourût en souriant au milieu de ses amis, après s'être entretenu avec ses disciples sur l'immortalité de l'âme, stoïque, il démontra qu'il fallait savoir mourir pour ses idées...

Socrate. La mort. Alors dès qu'il meurt, l'Homme est propulsé hors du cours linéaire du temps. Il ne vit plus comme avant, instant par instant, mais dans un état de superposition contemplative, la béatitude éternelle. Je ne fais que m'appuyer sur les expériences que l'on m'a contées. Beaucoup de ceux qui ont frôlé la mort sur le champ de bataille n'ont-ils pas déclaré avoir contemplé leur vie comme un panorama ? Les notions de temps et d'individualité étaient envolées, comme la peur, les envies et toutes ces choses propres à l'homme. C'est comme s'ils avaient pendant un instant été séparés de leur corps. Alors, quoi qu'il en soit, cette vie est une occasion immense puisqu'elle permet d'évoluer. Mais cela implique aussi que cette vie n'est pas une fin en soi, et que la mort n'est pas une fin en soi. L'homme d'essence divine et spirituelle est au-delà de la mort. La vie est ce moment de choix, dont il faut profiter pour évoluer pour plus d'esprit et plus de liberté.

Le métaphysicien et la réceptivité

L'évolution de l'humain, qui a toujours crû au surnaturel, aux esprits, à l'au-delà, mystérieux, mystique, devant les innombrables croyances erronées ou fausses, prises comme Dieux, prenons l'exemple de ces animaux et humains donnés en sacrifice au Dieu Soleil ou autre rite aussi barbare, ça nous apparaît farfelu de nos jours. Quoique nous demeurons des humains qui ont besoin de croire en quelque chose de plus...? Car toute la vie et l'univers nous prouve notre petitesse devant cette création! En tant que penseur libre, moderne, scientifique, opposé à tout dogme ou doctrine absolutiste ou népotisme, misogynie et toute tendance pernicieuse à contrôler via les «bons préceptes» et commandements de la vie issus de ces «élus de Dieu», et d'autant plus que le Judaïsme et leur livre sacré, dont la suite le Judéo christianismes et le catholicisme romain et leur pape, qui de nos jours encore préconise, prononce des discours issus de ténébreuses idéologies ancestrales. La Tora, le Coran, la Bible sont des ouvrages colossaux, l'Histoire de l'Humanité s'y trouve imbriquée mais demeure fragmentée, mystifiée. Le but du métaphysicien est justement la démystification. Tout ce qui a été dit ou écrit; oublie ça; si ça ne correspond pas, ne concorde pas avec l'ordre céleste universel, et son créateur, le maître suprême de l'ordre céleste universel; la matrice de l'univers, l'intelligence infini. Riez, riez, criez à l'hérésie, à la folie, mais n'oubliez pas de prier, pour la rédemption de vos péchés! Si vous préférez une version plus moderne, compréhensible, métaphysique; nous sommes tous assujettis, responsables de nos actions, une suite logique s'élabore de tes faits et gestes en ce bas

monde, et sa suite dans l'au-delà... Qui survivra, verra. Bien sûr, une
suspicion, un scepticisme, s'instaure la compréhension phénoménologique est toujours appréhendée avec circonspection. Comme
l'hypothèse qui mène à la thèse et son antithèse pour en arriver à une
synthèse concluante. Milton Cameron, auteur, nous dit:

> «Nous revenons ainsi à la loi de l'Action et de la réaction,
> des causes et des effets. C'est la loi de l'univers: tout ce qui se
> produit dans votre existence n'est que la concrétisation de vos
> pensées et croyances. Si vous mettez les forces de votre esprit
> au service de votre plus grand bien, elles y travailleront
> activement.» (Le pouvoir de la pensée, M.C.)

Voici les propos de Rosy Porrovercchio, ambassadrice
d'universalisme «le hasard, n'existe pas. La vie est un continuum, une
suite ininterrompue de causes et d'effets, d'actions et de réactions ou
encore de semences et de récoltes.» L'esprit, plus fort que la matière,
porter foi à cette prémisse axiomatique, est la base du (de la)
philosophe métaphysicien(ne). L'esprit, l'âme et la pensée,
l'intelligence de l'humain dépasse sa matière, ses cellules, cet
ensemble biologique vivant, l'homme, la femme. Comme il est vrai et
demeure un grand mystère «l'esprit plus fort que la matière». Voilà,
toi homme, femme, enfant, qui que tu sois ou que tu sois, ce principe,
ce concept, cet axiome, c'est la vérité pour nous tous, universellement. Et de par cette entité, magnifique et en même temps
unique comme toi et moi, nous tous, de tous les temps présent, passé
et futur, nous rejoignons de par le fait, le maître d'œuvre, le maître
suprême, de l'ordre céleste universel. René Descartes, philosophe et
mathématicien, métaphysicien, idéaliste de par ses médiations, fonda
une nouvelle méthode qui dans son ensemble porte le nom de
cartésianisme. On en conclua; une métaphysique moderne résumée
dans cette phrase; pour atteindre à la vérité, il faut une fois dans sa vie
se défaire de toutes les opinions que l'on a reçues et reconstruire de
nouveau le fondement de tous les systèmes de ses croyances. Par
intuition et par déduction, Descartes découvre alors la vérité de sa
propre existence et de l'existence de Dieu.

Voyance et clairvoyance. Nuancé certes, mais analysée, décorti-
quée, sans préjugé ou contrainte subjective, cette faculté que l'on peut
commencer tout simplement en s'éclairant; voir les deux côtés de la
médaille. Être lucide, instruit du sujet et conscient des erreurs, des

faussetés et bien souvent de falsification ou pire. Devenir clairvoyant, extra-lucide, illuminé est un cheminement aussi ; une étude dont le sujet réapprivoise ainsi son potentiel intellectuel parallèle ou spirituel.

Une métaphysique à reconsidérer

La métaphysique, implique la recherche et la compréhension des phénomènes en sciences dites occultes, dans un contexte compatible à la réalité, au rationnel. Le paranormal, qui n'est pas explicable par les données et lois normales, le métapsychique, le parapsychique, la parapsychologie dans son ensemble et ses manifestations. On ne peut nier l'existence phénoménologique de cette science. La précognition ou la prémonition, la voyance médiumnique, la télépathie extrasensorielle la radiesthésie et autres phénomènes semblables, s'avèrent des sujets de recherches intéressants, une mise en application de règles, de normes strictes, en vue d'obtenir une pérennité, une validité éprouvée, et approuvée, encadré, dont les résultats seront comptabilisés. Car sans cela quiconque, peut se prétendre devin ou médium, autodidacte, en science occulte.

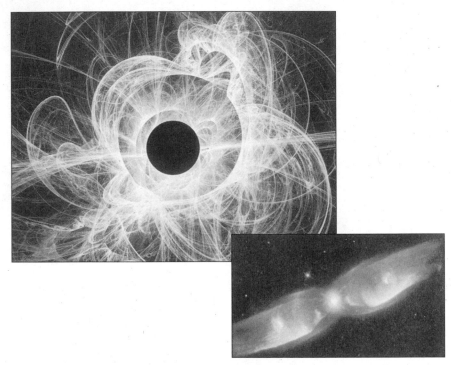

Conceptialisé et dessiné par ordinateur, voici un trou noir (à gauche), soit une zone de l'Univers où la force de gravité dépasse la vitesse de la lumière. Cette « œuvre » tout en spirales et cercles n'a rien à envier à un tableau abstrait. Mais c'est une image bien réelle (à droite), prise en 1997, de la nébuleuse M-2-9 à 2100 années-lumière, que le télescope Hubble nous a fait parvenir.

La PCA*:
La paraconceptualisation absoluité

Postulant que l'esprit est plus fort que la matière, ce théorème axiomatique pousse matière à réflexion sur la conceptualisation de l'univers, d'où la paraconceptualisation absoluité, comme solution ou explication à l'énigme cosmologique, s'en suit l'ordre céleste universel, le résultat de ce qui existe et son évolution; nous!

Comme il nous est expliqué, ce serait l'œuvre de création de conceptualisation de l'univers, et ce de par une intelligence suprême, inaccessible à l'homme?

Je n'en suis pas si sûr! Nous pouvons toujours essayer cependant de comprendre son action et ses manifestations et son potentiel d'aide quelle peut nous octroyer. De quelle façon? Je crois tout simplement qu'une façon de débuter est la compréhension par l'instruction, l'érudition dans les domaines divergents; la science, physique et métaphysique unifiés dans ce concept que je qualifierais, «d'alliance fusionniste universelle!» Orienter la spiritualité, parfaire son érudition, concerter ses forces vers ce but. Certains prient, méditent, étudient, toujours dans un but, un spectre précis, mais sommes nous

---

[1] * La PCA, la paraconceptualisation absoluité: de « para » préfixe employé dans divers mots scientifiques ou savants avec le sens de, auprès de, à côté de, en parallèle de et conceptualisation; concevoir, créer, conceptualiser l'univers, l'intelligence matricielle, conceptuelle, initiatrice universelle, son œuvre, sa réalisation, dénommons la: la PCA la paraconceptualisation absoluité, expression néologique.

bien orientés, c'est à cela qu'il faut aussi songer. Parvenir à la paraconceptualisation, et son pouvoir sans limite.

Il faut la mise en application de ses puissances créatrices personnelles en accord avec l'intelligence créatrice de tout phénomène circonstanciel assujettis au principe même. Disposant à prime abord, des trois éléments vitaux, fondamentaux, cette composante existentielle à toute vie humaine que sont, la santé, la force et l'intelligence, pour s'épanouir, évoluer, se réaliser et ce non pas dans un but, une attente égocentrique, égoïste mais vers l'aide, le support des nôtres et la vie qui nous entoure. Car si nous ne sommes pas tous égaux de naissance ou de circonstance, exemple; les malades, handicapés, enfin tous ceux qui dans ce monde vivent la pénurie, la misère, la guerre, eux qui ne peuvent que supporter la vie, malencontreusement.

Cette science qui est la science à bon escient la paraconceptualisation, ne peut se réaliser que dans cet optique, cette vision du monde. Mets toi en position de force, branche toi sur la vérité, qui prédomine sur tout. C'est un travail de l'intellect, psychique et spirituel, psychologique aussi, comme physique; la fusion de tes forces et possibilités. Ce cheminement t'est possible et tu verras le succès obtenu de la paraconceptualisation absoluité, et son intelligence suprême, maître d'œuvre de tout ce qui existe et vit!

« Révélations »

« Veritas », le secret de la vérité, la formule de la concevoir, de la percevoir ? La compréhension et l'acceptation du vrai. La foi, la conviction de vérité, la science : la découverte de vérité. La solution, c'est l'acceptation que nous ne connaîtrons jamais « tout », partout, en toute chose et l'accepter. Tout simplement, pour ce qui est du ressort, du mortel, de l'humain, du compréhensible, nous évoluons, mais pour ce qui est du divin, du céleste, et de l'éternel, de l'infini... Tout comme du centre de la terre, jusqu'aux confins de l'univers, nous avons encore beaucoup à apprendre, sur nous, sur « tout ». Soyons humble, personne n'est, n'a été ou ne sera Le Maître Suprême qui sait tout, connaît tout, le roi des rois ! La vérité, ne la cherche pas, tu ne la trouveras pas; induis-toi d'elle, poursuis ta recherche de vérité, étudie profondément, sans relâche et tu triompheras. Elle peut te surprendre tel un enfant car ne dit-on pas, que la vérité sort de la bouche des enfants ! Les anciens érudits proclamaient que les voies de dieu sont insondables. L'âme désire la vérité et la vraie nourriture de l'âme ; c'est la connaissance des idées et c'est en raisonnant qu'elle peut atteindre la vérité. L'idée du bien est de délivrer l'âme afin qu'elle contemple ce qui est vrai et divin, l'être véritable, les idées ou essences immuables, immortelles auxquelles elle est apparentée. Car ce n'est pas avec les yeux du corps ni par quelque autre sens que l'on peut saisir les idées, les réalités, mais par la pensée toute seule et toute pure. La réalité et la vérité ne font qu'« un ». Ce principe, l'ordre céleste universel l'inclut, l'expertise. La réalité et la vérité doivent toujours primer sur tout. Ne les égare jamais; dans tes pensées, tes croyances, tes réflexions, tes sentiments, tous tes sens.

Écoute ta conscience «supérieure», elle est indépendante de ton cerveau, cet organe qui peut, sait et fait fonctionner ton corps physique, même lorsque tu sommeille. N'écoute pas certains sentiments, s'ils faussent la réalité ou la vérité! Car ta conscience supérieure, elle est indépendante. La vérité elle est chantée du matin au soir, 24 heures par jour partout dans le monde, mais personne ou presque, ne l'écoute, ils (nous tous) entendent les paroles, la musique, mais la vérité contenue de leurs paroles, elle entre par une oreille et sort par l'autre. Car la vérité, l'amour universel, nous est chantée, proclamée, criée sous diverses formes: rock, balade, rap, soul, classique, etc. et par tant de poètes, d'artisans de paix et d'amour, que l'on devrait apprendre à écouter, mieux, à entendre comprendre et appliquer leur message d'espoir d'amour, de la vie!

L'amour, comme ici, succès de Sinatra repris par Elvis et The Fine young cannibals, prônant l'amour intégral sans arrière pensée négative «*We can't go on with that suspicious mind… Cause I love you so munch baby*!» Et que dire de leur version remixée; suspicious mix, sublime. Ce jeune groupe «oubastank» et leur success «The reason», toujours l'amour avec un grand «A», mais dans l'humilité du pardon, d'erreurs que l'on commet souvent, inconsciemment. «*I'm not a perfect person, I've found a reason for me to change who I use to be and a reason to start over new, and the reason is you*!!»

Quand Jerry Boulet chante l'amour, je l'écoute et je ressens l'évanescence, l'amour libérant «l'être» de cette angoisse existentielle. «*Toutes mes amours en statues de cire, tu les as fait fondre avec un sourire…*» L'universalisme de l'amour, de l'entraide, les vraies valeurs intrinsèques sont tellement belles à écouter de ces femmes et hommes; artistes en tous genres. «*Vivre en amour tous les jours, s'aimer tout le temps, sans contrainte, universellement*». Je suis sûr que plusieurs seront d'accord, ne faisons pas qu'écouter ces belles paroles d'artistes, mettons leur message à l'œuvre dans nos vies. «*Tu trouveras la paix dans ton cœur, et pas ailleurs, la seule vrai tranquillité, ce n'est qu'en toi qu'elle peut commencer.*» Toutes sortes de vérités émanent des chansons de ces poètes de l'art vocal et musical. Marie Chantal Toupin qui chante «*On ne s'aime plus, on fait semblant! On prend la terre pour une poubelle [...] Où, s'qu'on s'en va, toute la planète est en train de mourir, y a pu rien qui nous fait rien. On a même pollué l'amour, maudit bordel*!!!» Pour ne citer que quelques uns(es) car on pourrait écrire un livre de toutes ces paroles «dictées» sous forme artistique, mais combien vraies. «La patente te guette» de Daniel

Boucher, écoutez les paroles et comprenez le message subliminal! Mes ailleux, quel constat, cynique, un peu vrai; énormément, nos arrières, grand père, père et mère... et nous? Les Cowboys Fringants: «*obnubilé par des bouts de papier, nous ruinons la planète jusqu'à ce qu'il n'y ait plus rien, plus rien!!*» La vérité, ne la cherchons pas, écoutons la, entendons et comprenons! Le cynisme sociétal occidental exprimée ici par Pagliaro est-il assez explicite: «*Nous on fabrique des bombes, on peut en tuer des milliers à la ronde. On vend des armes par voie diplomatique. Plus on en tue, plus on fait du fric. On crée des famines, des révolutions et ailleurs on envoi des enfants mourir pour Allah, on apprend aux femmes à tirer le Bazooka.*» D'autres chantent, crient leur désespoir, Kurt Cobain, Jim Hendrix, mort à 27 ans d'une overdose, il chantait «*help me, help me, I kiss the sky...*» Non, Jimmy personne t'a compris, n'aura pu l'aider, ils entendaient, mais n'ont pas compris, le sens de tes paroles. Il y a aussi, comme partout d'ailleurs, l'envers de la médaille, ce que l'on voit à *Musique Plus* ou *Much Music*. L'exemple d'une débutante dans cette Jungle que voici; la jeune fille «chanteuse» comme la plupart, et ce n'est pas uniquement voulu le système de star en impitoyable en ce sens: beauté, volupté, talent, sensualité, prestance excitante frôlant ou carrément insolent et décadent. Obsédée par son image au point d'en être aveuglée et de sacrifier beaucoup trop d'emphase à ressembler, à suivre les traces de ceux ou celles qui réussissent... C'est dommage, à ceux et celles qui se font exploiter ou ridiculiser. Comme partout, d'autres sont exemplaires dans leur approche et semblent doser adéquatement le bon sens; l'art, la musique, l'industrie (vorace et sans scrupule), ne semble pas les perturber outre mesure, mais tous utilisent ce médium, qui d'un point de vue symbolique nous révèle beaucoup sur cette génération, leur vie dans l'ensemble. Une prestation à *Musique Plus, Munch Music* ou autre réseau similaire offre un tremplin vers la gloire, mais n'en assure point la pérennité, du «métier». Je voudrais spécifier que j'ai simplement utilisé, des phrases, des mots, des paroles, non intégrales et adaptés à mon texte. Que la paix et l'amour continuent à être chanté, proclamé, peut être un jour le message de «paix et d'amour», sera compris, pas seulement entendu! En voici un extrait musical dont il faudrait qu'un jour, il se réalise;

(Interprétation libre d'un extrait musical, Gabrielle Destroismaisons)
«Le dernier soldat est tombé, un drapeau blanc, dans tous les vents; faire de l'amour le survivant. Avec l'espoir d'un nouveau monde, aime toi, aime moi, aimons-nous... Aime toi, comme au début, au premier pas, aimes toi, comme on aime la première fois. Que l'amour résonne

dans leur combat, sans armes pour dicter tes lois, et t'iras « grand » vers l'au-delà ! »

Je termine ce chapitre sur une note poétique, une prose romantique intitulée ; Le Chevalier, un hymne à la femme !

Le Chevalier

Quand la femme se fait belle, sensuelle, intelligente et ravissante, dès lors je redeviens comme un enfant en adoration, en amour. Car l'amour est le plus noble des sentiments, et je ne peux que m'agenouiller à vos pieds et me proclamer, votre chevalier servant ;

Pour vous servir, vous aimer, vous honorer. Et fier, brandissant haut l'épée, devant l'adversité, sans fléchir, le regard droit devant, me donnant, sans compromis, jusqu'à la dernière goutte de mon sang ! Sans remord à la vie, à la mort !

Et si las de tant d'injustice et d'infamie qui sévissent, allant au combat contre les forces du mal, toutes ces armées du monde, ces forces destructrices, déshumanisantes au service de la folie guerrière ; des assoiffés d'argent, de pouvoir, d'absolutisme, et s'il m'était donné le pouvoir de vaincre toutes ces armées, et bien tout ce pouvoir, sur un plateau d'argent, je l'offrirais à une « reine » de bonté, de générosité, d'honnêteté, d'intégrité. Pour diriger ce monde sans armes ! Et j'en suis sûr que le monde ne s'en porterai que mieux, que mieux que tous ces présidents, rois, ministres qui nous gouvernent en ce bas monde.

À toi ma muse, à toi ma reine, à toi qui lit cette prose, je sais, nous ne sommes plus au 17ème siècle, les chevaliers, les muses et reines n'existent plus. Et que les poètes romantiques, prophètes, philosophes et métaphysiciens ne sont plus guère à la mode, du nouveau millénaire. Mais une mode, qu'est-ce vraiment, un laps de temps, le temps d'une génération, la mode est passagère. Je dirais qu'un « mode » est intemporel, un « mode » de vie, de vivre ; vivre et croire en « l'amour ».

Et comme le chante si bien Johnny Holiday ; « *comme je t'aime comme je t'aime, comme je t'aime* !!! »

2ᵉ plus gros

Mike Madel, un spécialiste, avec le deuxième plus gros ours Grizzly à avoir été capturé sur le territoire Northern Continental des Rocheuses, une vaste étendue de plus de 10 000 milles carrés. L'ours avait des griffes de près de trois pouces et son cou faisait quatre pieds de circonférence. Il a fallu un treuil hydraulique pour soulever l'ours de 8 ans.

Révélation

Quitte ce tourbillon de la folie, production, toujours plus vite plus rentable, plus de profits! Pour consommer, surconsommer. Et ensuite rechercher le bonheur à dépenser, gaspiller, à essayer de jouir des biens matériels en quantité effarante ou en services divers, ou une recherche effrénée de plaisirs, de sensations fortes qui ne sont souvent que fuite, vice, ou autodestruction sans rapport ou apport au vrai bonheur. Tu trouveras la paix dans ton cœur et pas ailleurs. Garde bien ta raison, ta conscience, de toute escobarderie casuistique, voie d'échappement de ta foi de tes convictions, de l'ultime voie seigneuriale. Adjoint toi à la vérité ton adjuration t'illuminera! L'esprit du maître, plus fort que la matière s'ouvrira à toi; viens vers lui, le maître suprême de l'ordre céleste universel, et ses disciples d'amour, ses esprits et hommes, femmes de bonne volonté.

Peur et paranoïa

La peur, ce sentiment tant réel, « exemple », lorsque vous rencontrez un ours énorme en forêt, cet animal, si vous en avez peur et que vous partez à courir, il vous poursuivra, vous tuera, vous dévorera et emmènera votre cadavre avec lui pour d'autre repas ! C'est un gros prédateur certes mais ce même ours en forêt, au départ en le voyant, contrôle toi n'ai pas « peur » Parle fort, chante, éloigne toi doucement sans crainte, mais surtout, n'aie pas peur, ni même, ne grimpe dans un arbre car il devinera que tu as peur. Et il grimpera dans l'arbre. Rester calme, s'éloigner doucement, surtout n'aie pas peur. Le dompteur de lion sait très bien exploiter cet élément. Les créateurs, auteurs, producteurs de films, de romans, d'horreurs en tout genre, tel Stephen King, Alfred Hitchcock, le savent très bien et l'exploitent très bien aussi. C'est d'ailleurs sur nos peurs, qu'ils jouent pour nous faire frissonner. Tout comme la superstition, qui même de nos jours se perpétue ; médaille de saints accrochés quelque part, on ne sait jamais, ou si c'était vrai... Nous achetons des billets de loterie avec des numéros savamment choisis, quelque fois le même numéro pendant des années. Incidemment, le dernier gagnant d'un important gros lot ; plusieurs millions étaient des personnes qui achetaient leur billet toujours avec le même numéro ! Beaucoup de personnes consultent les voyants où lisent le tarot. Lorsque que j'étais dans le domaine de la distribution et vente de livres, j'étais toujours étonné de constater le nombre effarant de livres d'horoscope en tout genres que nous vendions souvent, pour ne pas dire tout le temps par des auteurs(es) qui s'improvisent voyant(es) de l'avenir, prophètes des temps modernes. Les croyances, les peurs, les superstitions, les dictions populaires, nous accompagnent depuis des temps immémoriaux, font partie de notre culture, même s'ils ne reflètent aucunement la réalité moderne. D'observations récurrentes, les dictons sont issus, sur fondement de vérité, sans toutefois être explicite. Prenons l'exemple d'un fermier, même nos animaux domestiques m'en ont fait la preuve, la surexcitation incompréhensible à première vue de mes chiens et chats à l'approche d'un orage électrique avec tonnerre et éclairs. Le fermier qui voit, ses chevaux et autres animaux se comporter étrangement lui signifient par le fait même l'arrivée de l'orage, sa vélocité, foudre, éclairs, pluies diluvienne dévastatrice ou bienfaitrice. Les dictons, superstitions proviennent de cette symbiose entre l'homme et la nature, les animaux, ou l'homme, et son comportement, ses relations sociétales. Les culte des « saints » et leurs faveurs ou leurs protections illustre bien ce phénomène de croyance. Pour certains autres ce ne sera que superstitions, croyances aveugle, la «foi», quoi qu'on dise est superlative! Cette phénoménologie provient aussi de civilisations très anciennes, une sorte de science archaïque conciliant les formes surnaturelles et l'univers. Provenant de la peur, mais aussi d'une volonté de maîtriser son univers. Ce primitivisme instinctif impulsif tire ses racines d'un inconscient collectif profondément ancré à nos coutumes historiques. Même l'homme moderne qui se conforme à certains rituels, croyances, superstitions, dictons, présages, astrologie, cartomancie et bien d'autres choses semblables, démontre bien, combien, cette façon de saisir les éléments et de les incérer dans une dimension compréhensible, rationnel ou non, peu importe c'est la foi de l'individu qui agit. Nous ne pouvons échapper totalement à certaines croyances, superstitions tout simplement parce que l'être humain fonctionne avec des symboles, des archétypes qui lui permettent de progresser d'aller plus loin, de faire un pas de plus, pour connaître sa nature et celle de l'univers dans lequel il habite. Malgré tous nos efforts pour expliquer et pour comprendre qui nous sommes, il existe toujours des mystères à notre sujet. Même en raison, de la progression de la science, nous sommes conscient, que ce que nous savons est infime comparativement à ce qui nous reste à découvrir et à explorer. Les superstitions font partie intégrante de l'humanité, car elles servent à expliquer et à accepter ce que nous ne comprenons pas encore tant qu'il existera des mystères, nous rechercherons des explications qui seront parfois savantes ou scientifiques, parfois intuitives ou fantaisistes, dans l'espoir de déchiffrer un peu plus la merveilleuse complexité de notre univers, ce continuum spatio temporel multidimensionnel, exponentiel omnidirectionnel, éternel. La différence entre une personne logique et une personne superstitieuse, c'est que la première s'efforce de comprendre par les fondements, l'instruction, l'érudition, la science, et l'autre se fie à son intuition et aux signes qui lui sont accordés pour définir son univers. Et que l'être humain, quel que soit son degré de sophistication technique, spirituelle ou intellectuelle, ne peut tout contrôler constamment; il doit s'adjoindre des alliés afin de favoriser son sort.

La clé du succès

La combinaison gagnante; deviens maître de toi-même avant tout. Réalise toi! C'est à toi de décider, d'agir de réagir à l'obnubilation, l'obscurantisme moderne ; l'aliénation des masses, la globalisation, mondialisation publicitaire, médiatisée. Libère toi ! Élargis tes horizons, optimise tes forces, utilise ton énergie à bonne escient. Mets ton psyché ; ton esprit, ton intelligence à profit, tu n'est pas que de la « matière vivante », connais-toi et au-delà dans la réalité et la vérité. Dis toi bien qu'il n'y en aura pas de facile, à chaque jour fais ton possible, améliore toi tu en est très bien capable. Tes efforts, nos efforts, nous seront récompensés tout n'est pas vain ; c'est faux, on récolte ce que l'on sème, le fruit de ton travail sera vain ou bénéfique selon aussi, ce qu'est ta vie, ton degré d'application et d'implication dans toutes les sphères et aspects de la vie, que notre travail apporte honneur et joies. Accorde toi, le temps, la réflexion, les années qui filent, te paraîtrons plus bénéfique. On dit « petit train va loin », cette Maxime est de propos rien ne sert de courir, prends ton temps au lieu de perdre ton temps.

Rebel?

Hors la loi, sans foi ni loi, totalement libre quoi ! Pourquoi s'incomber de tant de responsabilités, de tant de soi-disant vertus, de tant de savoir, de tant de projet ; a en devenir « esclave », oui esclave de ta petite « patente » comme le chante Daniel Boucher « la patente te guette ». Ton personnage que tu t'es créé, instruit(e) (BC-BG-BN-BR)* avec l'inné que tu possède et l'acquis que tu t'es fabriqué. Ton environnement et tes expériences, on fait de toi, une personne unique, oui mais combien de ces personnes uniques sont esclaves de quelques choses dont il est question précédemment dans ce livre ? Des milliers, des millions, à l'échelle continentale, mondiale. Si ce n'est pas de l'esclavage, ça y ressemble ou pire sa devient vice, adoration, idolâtrie, ou toxicomanie, alcoolisme ou folie guerrière, religieuse. Pitoyables esclaves qui ne peuvent même pas se payer le luxe de dire : totalement libre !

---

* Bon chic, bon genre, bien nanti, bien rangé.

Le hasard
n'existe pas

Il y a toujours une explication logique, scientifique ou métaphysique à toute chose, évènement etc...

Selon Socrate, rien n'est le fruit, du hasard. Les particules lorsqu'elle voyagent ne choisissent pas au hasard leur direction, leur aspect, et leur réaction...

Tout est ordonné à la perfection, comme si chaque particule, molécule, ions lumières etc, recevait l'ordre d'obéir à une loi et de trouver sa place à tel ou tel endroit et comme si chaque force recevait l'ordre d'intervenir à tel ou tel moment. Le même phénomène se produit lorsque l'on lance les dés sur une table; ce n'est pas le fruit du hasard qui déterminera si le dé arrête sa course sur un cinq ou le six ou le deux, non c'est une question de lois physiques. La poussée initiale que tu lui auras procuré au lancer, cette force cinétique, décidera sur quelle face, il s'arrêtera. La force de rotation, la vitesse, leur interférence; poussé; énergie propulsée, vitesse et temps coordonnées, feront en sorte que le dé, selon cette quantité de puissance, issue de ta main, retombera sur le six ou le un. Or donc, le dé obéit à des lois naturelles, précises et calculables. Le hasard n'existe pas en tant «entité», il n'est que la résultante de quelque chose ou situation, de l'incompréhension des mécanismes qui le réagissent. Le hasard serait d'un calcul presque illimité... c'est pourquoi, on lui attribut toutes sortes d'affinités de pouvoirs et même de vertus ou craintes. La preuve en est car les jeux de hasard sont omni présents et leur emprise, quelque fois devient maladive.

La conscientisation

Selon Bergson, plus nous entrons en nous-mêmes et retrouvons les données «immédiates» de la conscience, plus nous retrouvons (l'étendue concrète), continuum de qualité sensibles diverses, et limitée dans son champ que Bergson a décrit, associée à la durée concrète qui se distingue du temps de la mécanique que mesurent les horloges. Bergson (Henri) philosophe, son système repose sur l'intuition, l'intuition des données de la conscience, dégagée de l'idée d'espace et de la notion scientifique du temps. Selon Placide Gaboury, professeur universitaire (lettres et philosophie), «la nature humaine n'est donc pas chose fixe et complètement déterminée, mais ouverte et attirée vers une conscience grandissante». La conscientisation, la conscience supérieure, le subconscient, (intermédiaire) L'inconscient (profond), les états ou entités que sont l'âme, l'esprit, «le moi» le psychisme, sont-ils reliés ou indépendants. Dans une certaine mesure, il y a dans l'humain, une contradiction entre son niveau de conscience supérieure (psychisme, raison, intelligence) et son état fonctionnel (cerveau) effectuant les mouvements du corps, s'occupant de faire fonctionner adéquatement, cette merveilleuse machine, le corps. Quoi que l'on pense, il est dominateur (le cerveau), il dicte ses priorités manger, dormir, nous incite à ses pulsion instinctives, le plaisir, le jeu récréatif, la relaxation, le sexe. On dit les «sens». La conscience profonde, elle se veut indépendante, elle essaie de te donner une raison, un sens à cet animal humain. Voici un exemple concret. Ta conscience supérieure te dicte, te supplie, t'avertit, du danger de l'extrême stupidité, que fumer constitue, mais tu continue, tu ne peux contrôler ton cerveau, il domine, te donne des excuses, le stress, l'habitude, la dépendance acquise ; toxicomanie. Cet état, dans ton corps physique « la nicotine » nécessite un sevrage certe, mais ton cerveau lui, c'est autre chose. Même après six mois, il peut te faire flancher. On voit que la majorité des personnes qui cessent de fumer recommencent après six mois, d'après une étude faite en 2003 par une organisation indépendante internationale pharmaceutique. On tente d'ailleurs de mettre au point un vaccin anti-tabac, avec une molécule spécifique qui neutraliserait la nicotine de sorte qu'elle n'atteigne pas le cerveau, le stimuler. Privé de ses « sensations » dues au tabac, le plaisir n'y serait plus, le cerveau en conclurait qu'il faut autre chose, chercher ailleurs son plaisir. C'est dire à quel point, le cerveau, cet organe, domine l'ensemble de l'être humain. Comment redonner à la conscience supérieure le contrôle total du corps physique de « l'être humain, ton inconscient et ton subconscient devront être soumis au premier degré de conscience car il ne peut y a voir qu'un seul gagnant. Tu devines ! L'intelligence, la prise de conscience profonde éclairée qui mène à la conscience supérieure ; la raison éclairée. Fort et faible à la fois, mais lucide car la volonté seule ne peut tout réussir. L'interaction qui s'effectuera lorsque que ta raison, ta conscience supérieure dominera son « cerveau » te prouvera, te réjouira de ses résultats. Alors, le cerveau obtempérera et sera ton meilleur allié. L'efficacité, la concentration peu importe la situation le contrôle de « soi » et nous pourrions poursuivre sur le même veine, enfin, « l'intelligence » que tu es, que tu activeras sera stupéfiante ! (Note) Nous savons tous que la cigarette est une problématique que je ne voudrais point minimiser, on évalue à 1,2 milliards de nombre de fumeurs dans le monde, avec les conséquences que l'on connaît, maladies, cancers etc. Diverses méthodes sont proposées ; le sevrage décroissant « patchs » timbre transdermique, laser, hypnose, même une agence gouvernementale aide et soutien téléphonique. Ce que j'essaie de démontrer sans minimiser les méthodes servant à arrêter de fumer, c'est simplement que si l'intelligence, que nous possédons tous, la prise de conscience de cet état sublimé, qu'est la « conscience supérieure » dans l'explicative ci dictée, peut être un atout et bien voilà !

La Noèse

La démarche scientifique nonobstant tout dogmatisme ou doctrine naïve, ouverte à la recherche, vigilante, critique émettant des hypothèses vérifiables croyant qu'une réponse est possible à tout énigme qui se postule, l'explorateur, le chercheur, le savant, à cause de cela poursuivra sa recherche jusqu'à la résolution du problème. Examinant d'autres hypothèses et solutions évaluant et vérifiant d'autre données, assimilant du fait les connaissances d'autres chercheurs scientifiques pour conclure ses découvertes, issues de l'intuition, la recherche, vérifiable pour émettre des conclusions. Ce parcours de possibilité à trouver des réponses à toutes questions c'est l'acte de foi du scientifique dans ce contexte « la foi », impulsion puissante, avec conviction que l'intuition s'avère bonne et démonstrative, vérifiable. Cette Noétique en revanche est aux antipodes des systèmes de pensées, de croyance religieuse, de foi aveugle, y opposant toute esprit critique, s'opposant du même coup à la démarche scientifique. La science, de par sa nature, est la connaissance excluant toute crédulité. La connaissance intégrale de « l'être », l'esprit ou psyché, cette foi scientifique l'aventure de la connaissance de soi. Cette lumière « intuitive » vigilante à l'observation aux possibilité entrevues qui sont en nous, libérant de l'hypnose des croyances aveugles, religieuses ou superstitieuse. La noétique phénoménologique, libre de crédulité « science pure » exclut tout paradigme à structure religieuse se titrant de « science sainte » de « révélation divine », évoquant le scepticisme du scientifique à le soumettre à l'épreuve à la vérification objective, éludant la réalité en invoquant des termes obscurantistes de «dons» de la foi ou autre subterfuge; faisant office de credo. Des croyances qui même de nos jours en ce début du troisième millénaire continuent à se propager comme vérité en voici quelques exemples suivis par des millions d'individu; «L'Islam est la seule vrai religion», tout ce qu'à écrit Mahomet est la parole d'Allah sur terre», «Dieu a sauvé le monde par Jésus le christ, Jésus est ressuscité», croire en Jésus assure le salut éternel. Pour les juifs; «le vrai messie viendra un jour confirmer qu'ils étaient vraiment le peuple choisi, Moïse, a vraiment vu Dieu face à face et reçu les tables de la lois de la main de Dieu». Pour les Lamaïstes; chaque lama est une réincarnation des lamas passés, après la mort on passera par les six bardos, (états ou lieux.) Nous avons vécu plusieurs vies antérieures, «le Karma» et nous pouvons nous retrouver dans d'autres vies futures sous les traits d'un animal. À nous seuls appartiendra le royaume des cieux, après la fin du monde, devenez témoin de Jéhovah si vous voulez accéder au paradis. Plusieurs autres croyances à des foi doctrines peu compatibles à la réalité se propagent un peu partout, il faut bien l'admettre, des hypothèses quelconques peuvent devenir «article de foi» et prises pour réalité. Il ne faudrait toutefois pas croire que la science, l'intellect, l'érudition, la culture mettent à l'abri de toute crédulité naïve, foi religieuse, croyances et superstition. Les passions, les réactions émotives, peuvent aveugler, fausser l'esprit critique de la science pure, la guider vers le fanatisme, l'obscurantisme. Cet envoûtement d'esprits si perspicaces et articulés, si bien formés par des hautes études, ce dérapage peut être attribuable à des motivations pécuniaires, politiques. Cet aveuglement comme la folie se distribue équitablement dans toutes les couches sociales, tout comme le jeu compulsif, la toxicomanie, l'alcoolisme ou tout autre dépendance psychologique ou affective. Il semblerait ici que la formation purement intellectuelle ne puisse rien garantir ni protéger l'individu de ses réactions émotives, passions, de crédulités naïves, de duperie. Nous avons tous nos lacunes, nos limites, nos faiblesses, nos penchants. La pensée critique seule n'offre pas de résistance à l'attrait des réactions émotives, des sensations exacerbées, des instincts. D'une force séduisante, envoûtante, une idéologie biaisée peut séduire, induire en erreur quiconque délaisse sa vigilance. Des passions, des préjugés, des failles émotives, dépendance psychologique, peuvent dominer l'esprit, qui n'y verra que du feu. L'altération du «psyché» fera de l'individu une proie à l'envoûtement hypnotique à l'égard de son esprit critique. La solidité d'un individu dépend de bien des facteurs à consolider; «émotions, réactions» «séductions attraction», autonomie vis-à-vis des systèmes; politiques sociaux économiques, des puissances contraire à son égard. La conscientisation en noétique phénoménologique ou science pure de l'intellect met l'être en puissance dans sa totalité vers ce but exhaustif d'une noèse forte et sans équivoque à toute adversité doctrinale ou subversive. Tout a été dit, écrit; «sur tout» on a dit et écrit, mais il reste tant à découvrir sur la vérité, la vie, l'univers. S'asseoir sur ses lauriers, abdiquer? La science talonnera toujours les acquis, la condition humaine dans tout les sens. De l'alimentation à la médecine, le progrès, la découverte scientifique, la recherche, l'avancement, l'évolution apportent toujours des changements et l'adaptation de la société et ses habitants. Hélas même le faux, le mauvais, l'absurde suivent, l'accompagnent dans le temps passé, présent et futur. Notre biosphère qui souffre de pollution, d'effet de serre, déforestation, d'abus en tout genre etc, nous prouvent que nous ne sommes pas asservis, à la réalité de notre condition humaine sur cette terre. La vérité, c'est que nous devons changer, sinon nous nous autodétruirons, sujet dont nous traiterons dans (le choc du nouveau millénaire).

L'énigme Christique

Voyons ce qu'était la vie courante dans l'antiquité. Je vais débuter, avec une histoire intitulée : la jeune mariée. Maquillée pour que sont teint soit diaphane ; on lui avait tressé les cheveux, si possible avec de l'or et des perles. Elle portait un voile et un vêtement magnifique. Ainsi préparée, en compagnie des demoiselles d'honneur, elle attendait chez ses parents, le cortège du marié, ensuite les festivités ; qui duraient une à deux semaines. Le couple vivant dès lors dans l'espoir de s'acquitter de son premier devoir : enfanter des fils ! La jeune femme avait la charge de la cuisine et du ménage, elle filait, tissait, cousait, à l'occasion des semences, récoltes, elle aidait au champ ou à la vigne. Elle devait aussi commencer l'éducation de ses enfants. Chef de foyer, le père prenait toutes les décisions importantes. Une promesse d'une femme était nulle à défaut du consentement de son mari. Cependant on ne pouvait vendre une épouse et ses fils comme esclave, bien qu'on pu vendre une fille... En ces temps, il était possible de vendre toute une famille pour la dette de l'un de ses membres ! Bien qu'une femme n'eût pas le droit de quitter son mari, elle devait avoir à se soumettre à une nouvelle épouse ou une concubine et se voir refuser le droit d'hériter, mais elle n'était pas mise à l'écart, elle demeurait toujours et continuait son travail et activités familiales. Cependant, femmes, serviteurs, esclaves, et animaux figuraient sur la liste des biens que possédait un homme... (Ex 20.17 ; DT5.21) certains hommes avaient deux femmes ou plusieurs concubines. Le roi David eut plus d'une épouse, Hérode le grand avait neuf femmes, le roi Salomon, sept cents femmes ! Comme on peut le constater, la vie d'un

La crucifixion de Saint-Pierre, *Le Caravage*.

homme et pire d'une femme ne valait pas plus qu'un animal, un mouton ou un porc! Il est normal qu'on espérait la venue d'un libérateur du peuple, les juifs se l'imaginaient en grand conquérant, eux qui étaient convaincus, de leur suprématie innée et sociétale, vis-à-vis des romains qu'ils considéraient inculte, ignoble, mais la puissante Rome dominait, guerrière, terrorisante, imposant la soumission à tous les peuples y compris les juifs. La décadence, la pauvreté, la corruption, la survie était le quotidien du peuple. Les guerres d'invasion faisaient des « vaincus », les hommes restés vivants et soumis, car sinon c'était le mort assurée, ainsi que femmes et enfants, des esclaves que l'on vendait sur la place publique comme de la marchandise. Nos animaux domestiques ont plus de « droits » de nos jours qu'un(e) esclave en ces temps lointain. On pouvait se rendre au marché public, à l'arrivée de nouveaux esclaves et choisir ceux ou celles qui nous convenaient, les acheter et vous en deveniez propriétaire légitime pour quelques pièces d'or. Le propriétaire avait le droit de vie ou de mort sur l'esclave. Tous les sévices, les travaux forcés, les exactions étaient courantes, normales ! Les juifs dont la prophétie prédisaient la venue d'un grand conquérant qui leur obtiendrait la liberté, une « terre » bien à eux, comme à l'imaginaire, d'alors, ils le symbolisaient, le voyaient sur un char flamboyant avec l'épée haute et triomphante. « Le libérateur du peuple juif » les religions courantes la Gréco-romaine, le Judaïsme ancien et autres cultes n'apportaient que très peu ou point de solutions, de réconfort à cette vie d'alors, de pauvreté d'asservissement etc., de désespoir. C'est alors que Jésus, grand humaniste prit la parole en public, préconisa la paix, l'amour, l'humanisme, d'un dieu universel, de bonté, de compassion. Cette nouvelle approche, ce renouveau fit naître un espoir, une visée d'esprit d'un monde meilleur, ce qui fit de lui un prophète tant écouté et adulé, certains virent en lui le « Messie », le libérateur que Dieu leur envoyait. Les juifs qui attendaient un grand conquérant comme libérateur, armé, puissant, étaient outré de ce prophète de paix et d'amour comme l'histoire qui suit est connue. Je termine sur cette pensée de Socrate qui fût lui aussi mis à mort par les siens et qui a dit quatre cent ans avant J.C. « qu'il fallait savoir mourir pour ses idées ! »

Les paroles de Jésus le Christ, selon un tel ou autre, saint Marc ou saint Mathieu, l'évangile selon un autre etc... même que certains diront qu'ils furent d'inspiration « divine » fort de conséquence, incontestable vous répliqueront les tenants de cette sainte écriture, relatée transcrite, traduite... les paroles de Christ, même dans son intimité, seul ou mourrant sur la croix, à peine pouvait-il parler, d'ayant plus la force de respirer. Au pied de la croix, ses bourreaux et plus loin ses disciples et le peuple ; ont-ils vraiment entendu quelque chose ? Jésus le prophète, le Thaumaturge, pourquoi n'a-t-il pas écrit son évangile de sa propre main ou par l'un de ses disciples attesté de sa personne vivante. Il n'y aurait plus eu de confusion des genres s'il eut formulé son idéologie sa philosophie, ses préceptes et sa doctrine écrits de son vivant, attesté de témoins. Hélas tout fût transcrit, interprété à la guise de leur mémoire et d'une volonté de magnificence exacerbée pour atteindre un niveau subliminal.

La résurrection de Jésus

Les juifs qui incitèrent les romains à le crucifier en public ; Ponce Pilate ne fit qu'obtempérer à leur vindicte. Pourquoi n'apparu-t-il pas au colisée devant tous et effectuer quelques miracles, il aurait conquis illico toute la populace. Il aurait évité le supplice de pierre son disciple, crucifié aussi, et la persécution de ses fidèles (ses chrétiens), jetés au lions en spectacles. Alors pourquoi juste une brève apparition fantomatique devant ses condisciples qui de toute façon, allaient devenir les propagateurs de sa parole, son enseignement et fonderont une religion en son nom. Comme toute énigme, mystère, il faut s'avouer humble, je dis toujours ; qu'il faut mieux s'abstenir que mentir, ou fabuler ! Car une chose demeure et demeurera toujours vrai ; il y aura toujours du mystère et de l'énigmatique dans tout

Chrétiens jetés au lions en spectacle.

l'univers y compris sur terre, au passé, au présent et au futur. Le mystère perdu et perdurera !

Après deux milles ans de christianisme j'aimerais citer en exemple quelques prémisses initiales de ses disciples qui néanmoins furent de bonne volonté à élaborer cette religion, de qui un homme donna, sacrifia sa vie toute entière sans compromis, sans rémission.

L'apôtre Paul préconisait l'ordre et la régularité : la responsabilité « guides » qui rendront des comptes à Dieu et au peuple. Paul traite aussi des relations et des comportements humains. L'apôtre s'adresse à tous. L'accent est également mis sur le juste exercice de la liberté. L'apôtre, ne laisse pas faire ceux qui voudraient régenter la vie d'autrui, c'est à chacun de choisir ce qu'il mange ou boit, de décider s'il se marie ou non et de régler ses propres affaires (4.1-10). Avant-gardiste pour l'époque et tout aussi vrai de nos jours. Point n'est besoin de mépriser ses instincts premiers, ses besoins impératifs : Dieu a fait les humains tels qu'ils sont. Mais ces besoins ne doivent pas prendre le pas sur eux et dominer l'homme ou la femme. Maîtriser ses instincts et besoins est un impératif car si eux vous dominent à coup sur ils entraîneront l'excès de table, gourmandise, fléau, moderne dans nos sociétés, à l'ivrognerie et à la décadence des mœurs ; véritable avilissement et corruption de l'homme et de la femme, qui en résulte.

L'apôtre Pierre devint l'un des principaux apôtres, avec Jacques et Jean. Jésus l'a distingué par le rôle fondateur qu'allait être le sien dans l'église. Il fut continuellement auprès de Jésus pendant ses trois années de ministère. Vers la fin de sa vie, Pierre se voulu rassurant sur la certitude du retour du christ ; et alors l'ancien ordre se dissoudra pour être remplacé par de nouveaux cieux et une nouvelle terre où la justice habitera.

Psaumes : le livre des psaumes rédigé dix siècles avant J.C. en ces temps lointains, la vérité décrite demeure toujours de circonstance. Le monde porte l'empreinte de Dieu. Les psaumes nous en décrivent la beauté. Ils chantent la valeur de l'existence, la bonté de l'ordre naturelle et la joie de la vie. Que l'on observe l'herbe qui pousse à nos pieds ; que l'on médite les sujets les plus élevés ; que l'on contemple dans le ciel les astres les plus beaux : la majesté de Dieu s'impose à nous. Mais il subsiste du mystère et de l'inconnu que l'on ne peut élucider sans lui. Ces paroles même de nos jours en ce début 2007 persistent de réalisme dans l'explication de Dieu, même si des milliers d'années, d'érudition, de savants lui succèdent. Ces thèmes théologiques sont inchangés même Jésus l'attesta. De nos jours et pour le nouveau millénaire débutant, ceci dit et demeura pour toujours « vrai ».

À toi, éternel, maître suprême, appartiennent la grandeur, la puissance et la magnificence. Ta gloire et ta majesté règne sur ciel et terre. Éternel, c'est à toi qu'appartient le règne, tu es souverain au dessus de tout être. Et c'est de toi que viennent les richesses et la gloire. Tu domines sur tout et dans ta main résident la force et la puissance, tu détiens le pouvoir d'élever qui tu veux et de rendre fort.

Trois éléments ; sont essentiels à toute vie humaine accomplie dans sa plénitude. À priori, à prime abord ; la santé, car sans elle rien ne vaut. L'intelligence, oui c'est l'outil de prédilection pour évoluer. Le troisième élément, mais le plus important car il surpasse les deux autres, de par sa nature, est la force ; l'élément crucial vital, nécessaire, car il en faut plus qu'on pense pour résister, vivre, s'accomplir, réussir dans toutes les circonstances et situations de la vie. Comment s'y référer, s'orienter, vers cette force ; la compréhension de soi, des autres forces, celles du mal ; tu te dois de les affronter, les surpasser, par l'intelligence dans la compréhension, mais par la force ; cette force dont tu es capable, si tu la connais, l'apprivoise, correctement. Cette force, d'où vient-t-elle ? Pourquoi certains hommes ou femmes en disposent et d'autres abandonnent, se découragent.

La vie peut apparaître ingrate, aléatoire, incertaine et comme on le constate « injuste envers certains. C'est là, et c'est pourquoi cet élément est si important ; la force différentie, sépare le faible du fort. À chance égale, de même intelligence et d'érudition, du plus riche au plus pauvre, du modeste au magnifique, l'élément qui fera de l'un ; une personne heureuse qui réussit et s'accomplit et l'autre qui échoue et abandonne, c'est la « force ». Cette force vous la trouverez si vous prenez la peine d'élucider ce mystère, car comme je l'explique c'est crucial, vital, nécessaire. Chercher et vous trouverez !

Le paradis, le ciel, le nirvana tout ceci existe ou n'existe pas. Voilà la question, cependant le continuum spatio-temporel multidimensionnel exponentiel existe, cet absolu certitude est la base et le moteur de tous ces concepts métaphysiques précédents. C'est notre affiliation à cet ordre intemporel qui est la clef du mystère. La filiation de l'homme, sa destinée est-elle existante à cet ordre métaphysique, ici il faut se questionner. Si nous nous dirigeons vers la création de l'univers, de ses débuts jusqu'à nos jours, l'évolution de la matière jusqu'à l'homme nous porte à croire que oui. La nature métaphysique de l'humain est incontestablement liée à l'au-delà, dans ce continuum spatio-temporel. L'esprit étant plus fort que la matière, à la puissance infini comme l'univers, cette prémisse phénoménologique de concept évolutif est de mise.

Dieu Existe-t-il?

Voici un extrait tiré de l'éditorial, de ; Les fées ont encore soif, cent un regards de femmes.

Tout avait pourtant commencé autrement...

Au cœur des premières civilisations et sur tous les continents, les dieux avaient souvent visages féminins, déesses vénérées au même titre que les dieux à visage d'homme. Les Gaïa, Athéna, Déméter et autres Diane représentaient la terre, la sagesse, la fertilité, mais aussi l'amour et la chasse. Dans les plus grands musées, les nombreuses déesses taillées dans les matériaux les plus nobles, l'ivoire, l'or, l'argent, le marbre, témoignent du culte qu'on leur vouait. Durant des millénaires, les mythes et les rituels ont reposé sur des divinités faites femmes aussi bien qu'hommes. Plus récemment dans l'histoire, les femmes ont été exclues des affaires divines. Il n'y a qu'à constater aujourd'hui en cette aube du troisième millénaire, la fermeture dont font preuve de grandes religions à leur endroit. Alors que les femmes sont maintenant au commandes de plusieurs pays, qu'elles pratiquent tous les métiers et professions imaginables, comment comprendre que tant de grandes confessions ne les considèrent pas comme des personnes à part entière? Comment s'expliquer que les représentants de l'Église catholique continuent de les maintenir dans le rôle de servantes de Dieu et d'eux-mêmes? Pourquoi défendent-ils une vision anachronique en leur refusant le sacerdoce.

Où donc se cache Dieu dans ce monde en folie ?

(Propos de : Mario De Sabato)

Au nom de leurs Dieux, depuis plusieurs millénaires, les religions qui se succèdent (ou qui se concurrencent) tentent d'imposer à l'humanité leurs dogmes et leurs croyances. Peut-on dire qu'une seule y soit vraiment parvenue ? Laquelle a résolu les problèmes de l'homme ? Et les idéologies politiques ? Une seule a-t-elle réussi à nous apporter la prospérité, le bonheur, la concorde ? Chefs, seigneurs, rois, dictateurs, présidents, guides suprêmes, muftis, ayatollahs, popes, prêtres, ou papes, se succèdent à la tribune ou dans la chaire, font des discours ou des sermons. Ils rassemblent les foules, les électrisent, leur parlent de justice, de fraternité, de charité, leur promettent un avenir meilleur, pour aujourd'hui ou pour plus tard, pour ici-bas ou dans l'au-delà. Ils leur assurent qu'eux seuls sont les gardiens de la vraie foi, qu'ils sont les authentiques représentants de l'Être suprême sur la terre. En même temps, ils leur désignent l'Ennemi, l'autre, celui qui ne pratique pas les mêmes rites, celui qui ne lit pas le même Coran ou le même Évangile.

C'est la croisade ou la guerre sainte !
On s'est battu pour Moïse et pour Bouddha !
On s'est battu pour Jésus et pour Mahomet !
On s'est battu pour Karl Marx et pour Mao !

On se bat tous les jours encore, entre Musulmans, pour le triomphe de la sainte idée chiite. En Irlande du Nord une guérilla fratricide jette les uns contre les autres depuis des années, protestants et catholiques. Chacun pose des bombes au nom du christ. À Sri-Lanka (Ceylan) les cinghalais bouddhistes égorgent les Tamouls indouistes. Cinghalais chrétiens et Cinghalais islamiques se mêlent joyeusement au carnage. Je pourrais allonger cette liste. À quoi bon! Certes je ne confonds pas esprits religieux et fanatisme. Je reconnais que le message d'amour et de paix des Grands Prophètes, des Grands Inspirés a été entendu des croyants, quelle que soit la religion qu'ils pratiquent. Je reconnais qu'il y a des hommes et des femmes au cœur pur, aux convictions paisibles, aux mœurs douces. Mais pour une poignée d'élus combien de cohortes incendiaires? Combien de bataillons sanguinaires? De quel poids de cadavres l'humanité a-t-elle payé les idoles qu'elle s'est donnée? Où est Dieu dans tout cela? Où se cache-t-il?

Dieu est partout, je le crois, mais certainement pas dans les temples orgueilleux élevés pour le plus grand profit de ceux qui se prétendent ses serviteurs et qui se veulent, en réalité nos maîtres!

Dieu est dans le cœur de l'homme. Dieu est dans la conscience de l'homme.

Je dis que le temps des masses manipulées doit prendre fin. Je dis que le temps de l'individu va commencer. Ce n'est pas en fanatisant les foules, ce n'est pas en transformant les humains en troupeaux aveugles, que la Paix s'étendra sur terre. C'est au contraire en réveillant au cœur de chaque homme, de chaque femme la conscience de sa valeur et celle de la faiblesse. C'est en s'adressant à sa connaissance intime du Bien et du Mal qui cohabitent en lui. Car chacun de nous le sait. Il le sent, s'il est sincère avec lui-même. C'est en nous et pas ailleurs que se trouvent le Bien et le Mal. Nous pouvons développer l'un et étouffer l'autre. C'est notre devoir personnel, notre responsabilité propre. Dieu est à l'état de possible dans notre cœur. Nous n'avons pas le droit de déléguer cette possibilité à un chef quelconque. Nous n'avons pas à remettre notre destin à ceux qui se prétendent nos bergers. Tous les discours qu'ils nous tiennent, tous leurs harangues, tous leurs sermons ne sont inspirés que par l'intérêt, par leur désir de domination. Ce n'est pas à travers leurs paroles biaisées que nous trouverons Dieu. C'est au contraire en les écoutant que nous risquons de le perdre! Le Berger dit: «Il y a des brebis galeuses dans mon troupeau.» Docilement toutes les brebis écrasent les victimes que la houlette leur désigne. Les brebis obéissent et commettent le meurtre parce que leur troupeau est inquiet. Elles se sentent perdues dès qu'elles ne sont plus conduites par le Maître et encadrées par ses chiens. Alors le Berger peut les mener où il veut, à la plus folle entreprise, à l'abattoir de la guerre, car si les brebis sont douces et sincères, le Maître l'est moins souvent, pour ne pas dire jamais!

Il ne faut pas douter que les Grands Prophètes de l'histoire aient été des êtres sincères. Ils ont cru à leur enseignement. Jésus, Bouddha, Mahomet voulaient vraiment transformer les hommes, les amener à mieux se conduire, les élever au-dessus de leur faiblesse vers une morale plus pure. Mais hélas, eux-mêmes, quoi qu'il ait pu prétendre, n'étaient que des humains. Leur parole, en dépit des livres sacrés et des disciples, s'est éteinte avec le souffle de leur vie. Car après eux sont venus les interprètes, les exégètes. Le Testament des Grands Inspirés a été falsifié par ceux qui on affirmé en être les dépositaires. Appelons-les plutôt d'impudents faussaires. Ils ont gardé la lettre de la Parole mais ils en ont volontairement déformé l'esprit. «Heureux les pauvres» disait le Christ et son église est devenue archimilliardaire. Jésus avait chassé les marchands du temple. À sa mort ils se sont hâtés d'y revenir et d'y reprendre avec plus de rapacité encore leur commerce. «Aimez-vous les uns les autres.» Sous le signe de la Croix, les Pontifes ont levé des armées par toute la chrétienté pour chasser les Infidèles; les Grands Inquisiteurs ont dressé des bûchers pour brûler les hérétiques. Rois, Émirs, Sultans avec bénédiction d'Allah ou de la Sainte Trinité ont violé, emprisonné, torturé, égorgé des millions d'êtres humains, pillé les villes et ravagé les campagnes. Et comme je l'ai montré, ceci n'est pas de l'histoire ancienne mais de l'actualité... brûlante et saignante. Plus tard, d'autres idoles ont été élevées. Laïques cette fois. Elles ont nom Marx, Lénine, Staline ou Mao. Un sinistre incarnation du sadisme, Hitler, a été le Dieu d'une génération d'Allemands hypnotisés. Voilà ce que j'appelle le temps des masses manipulées, des troupeaux aveuglés! Demain après encore bien des souffrances, viendra le temps de Dieu. Mais pas de n'importe quel Dieu! Celui du cœur de l'homme, celui qui est au tréfonds de chacun de nous. Car Dieu n'est pas au ciel. Il n'est pas nécessaire de lever les yeux vers le firmament pour l'invoquer.

Il suffit de se tourner vers l'intérieur de soi.
Il ne se cache pas dans les étoiles.
Il *est en nous*!

Les gens parlent et disent « Si Dieu existait il n'y aurait pas tant de malheurs sur terre, tant d'atrocités. Il ne permettrait pas l'injustice, la faim, la misère, les calamités, les cataclysmes, les emprisonnements, les tortures, les guerres, les holocaustes » Ils ont raison et ils se trompent. Ils se trompent, s'ils imaginent un Créateur tout puissant qui d'un froncement de sourcil pourrait faire la pluie ou le beau temps, qui, en levant une phalange de son petit doigt, pourrait affoler la terre par sa violence ou l'apaiser par sa clémence. Ils ont raison, s'ils comprennent que chaque être conscient est une parcelle de Dieu et que sont toutes ces parcelles réunies qui toutes ensemble, formeront un jour un Dieu d'infinie bonté.

Ce Dieu là existe, mais il ne le sait pas.

Ceci est une idée subtile, difficile à saisir, mais il faut la comprendre.

Le Dieu que nous prions, que nous implorons, le Très-Haut, n'est en réalité qu'une projection de ce que nous avons de meilleur en nous.

Dieu n'a pas créé l'homme à son image.

C'est le contraire qui est vrai.

Voltaire l'a dit avant moi.

L'homme a créé Dieu pour se donner l'image la plus flatteuse de lui-même. Il l'a créé pour pouvoir s'adresser à une puissance supérieur, extérieure à lui, à qui il a confié la fonction de lui remettre tous ses péchés, de lui pardonner tous ses crimes, en un mot de l'absoudre. Ce Dieu-là est la bonne conscience de l'humanité. Il est tellement plus commode de se décharger de ses fautes sur Autrui plutôt que d'en accabler sa conscience. Il est tellement plus reposant de se dégager de ses responsabilités sur une autorité suprême plutôt que de prendre sur soi le poids de ses actes. La création du Diable par l'homme a perfectionné le système. Le Diable incarne le Mal. Mais où est donc le Mal dans la nature? Nulle part la nature est ni bonne ni mauvaise. Elle est souverainement indifférente. Le Mal est dans l'homme. Il fait, comme le Bien, partie intégrante de l'espèce. Seul l'homme est bon et mauvais, car, seul, il a une conscience. Le Bien c'est son élan naturel vers l'élévation des sentiments et des idées. Le Mal, ce sont ses tendances vicieuses et perverses. Il fallait donc exorciser le Mal et, comme il n'est nulle part à l'extérieur de nous, il a fallu l'y mettre! Aussi l'avons-nous projeté hors de nous-même en le baptisant Lucifer, Satan ou Belzébuth! Le tour était joué! Car l'homme est loin d'être sot. Son cerveau est plein de ressources. Il a conçu très tôt cette double combinaison pour échapper aux conséquences de ses actes. D'un côté, un Dieu infiniment bon, toujours prêt à lui pardonner, de l'autre, un grand Satan (comme disent les ayatollahs) responsable de toutes ses faiblesses, de ses erreurs comme de ses crimes. En exilant au ciel ses propres vertus, en plongeant ses vices dans les enfers, l'homme a cru qu'il échapperait ainsi au jugement de lui-même.

Il est temps qu'il se ressaisisse!

Il est temps qu'il ramène Dieu sur la terre, c'est-à-dire en lu. C'est le seul chemin possible pour qu'il s'élève spirituellement. Il doit faire ce retour sur lui-même pour devenir meilleur.

Pour cela, nul besoin de guide ni berger!

*P.S.: M. De Sabato, je vous salue,
la sincérité de vos propos est sans égal.*

Brandissant le crucifix, regardant vers le ciel, ce prêtre devrait plutôt leur dire; déposez les armes, faites la paix, aucune cause politique, idéologie, n'est valable, justifiable pour s'entretuer! Un drapeau, une bannière ne peut en aucun cas absoudre le non-sens d'une guerre. Le vainqueur, les honneurs, c'est de la frime, c'est l'envers d'une médaille. Et ce prêtre qui implore, que lui répondrait son Dieu... Jésus a dit: «Tous ceux qui prennent l'épée périront par l'épée» C'est clair, facile à comprendre, même si par rhétorique sémantique ou comme Thomas d'Aquin l'a fait, c'est-à-dire, changer le sens, le message initial du Christ, car selon Thomas, un homme

d'état, un prince, un juge par zèle pour la justice, peuvent justifier l'emploi des armes. Comme par un pouvoir qui leur vient de Dieu... St-Augustin affirme: «On fait la guerre pour obtenir la paix...» Utopique, contradictoire, cette attitude du reste cependant omniprésente de nos jours, et on peut voir les résultats de cet état de fait. L'Irak, l'Afghanistan, le Liban, Israël, la Somalie etc... Quand les hommes comprendront-ils qu'ont n'obtient pas la paix par les armes? Qu'on attise la

haine et la vengeance? Mais soyez rassuré, un grand prophète a dit: Tous ceux qui prennent l'épée périront par l'épée!

Dans l'ordre de création, quand fût donné à l'humain le pouvoir de penser de se conscientiser, Dieu, des dieux et d'autres dieux apparurent et ainsi jusqu'à nos jours, le mot «Dieu» est presque devenu personnalisé. Ce qui donne, résulte d'aberrations, car qui tue, détruit, obscénifie la vie, tout comme ceux qui commandent, dirigent et exécutent des cauchemardesques guerres, génocides entre peuples et on pourrait continuer, la liste serait longue... En quelle sorte de Dieu croient-ils, prient-ils? Une mitraillette à l'épaule et un livre de prière; Cette image que l'on voit souvent à la télévision est révoltante, exacerbante. Leur Dieu, l'argent, la gloire, le pouvoir, un drapeau, de l'idolâtrie!

L'intelligence suprême :

C'est la matrice de toutes vies, matières, lumières, dans l'univers, L'ordre céleste universel est sa création. Le maître suprême de l'ordre céleste universel existe car il est cet intelligence, qui créa l'univers, régente son système. Il devrait plutôt se dire elle, car si on devrait trancher entre féminin ou masculin Dieu est beaucoup plus féminin que masculin. Pour une question d'esthétisme, nous utiliserons, le masculin car en définitive Dieu est asexué, étant pure intelligence. L'intelligence « Mère » de toute vie, matière, de tout ordre. L'intelligence matricielle universelle à qui « L'esprit, » plus fort que la matière, conçu, paraconceptualisa l'univers dans son absoluité. À cette intelligence suprême, à qui l'on donna le nom de « Dieu Tout Puissant » nommons-la « la vie », magnifions son œuvre ; l'univers ! La nouvelle symbolique de l'ordre céleste universel, prenons le mot « Dieu » qui symbolisera dorénavant le vrai Dieu, le seul et unique : Le maître suprême de l'ordre céleste universel. Au sens propre comme au figuré, au textuel dialectique ; L'intelligence qui régit l'univers de tout temps passé, présent et futur. Pour cette entité toute puissante le temps est d'un autre ordre de relativité, l'immensité d'une galaxie et sa mutation après des milliards d'années ne font qu'une « continuité » dans l'éternité, de l'univers. En ce nouveau millénaire qui débute et maintenant que tu connais le vrai Dieu, joins toi à lui et ses disciples, sous l'égide de l'ordre céleste universel, l'ordre du nouveau millénaire et son maître fondateur. En chacun de nous vit le germe de Dieu. C'est à chacun de soi, de le faire grandir, comme un arbre il deviendra grand, magnifique, ses branches qui s'enchevêtrent comme nous en société évoluons ensemble comme une forêt majestueuse vers l'infini, l'éternité!!!

L'ordre suprême, il n'y a qu'un seul maître qui règne sur l'univers, sa création, à ce Dieu nous devons nous soumettre, diviner. Il est la quintessence, l'apothéose, la sommité, l'absoluité. Le roi des rois, invincible, sa puissance est inimaginable, son intelligence dépasse tout entendement. Sa force est telle que tu ne peux l'imaginer, tous le craignent et nul ne peut l'atteindre. La magnificence de sa création, nous éblouis, nous émerveilles, le seul, l'unique: Le maître suprême de l'ordre céleste universel ses lois, sont immuables son ordre est parfait. Quand, des dogmes religieux, ou autres tenants de supériorité, qui briment la liberté, le choix individuel, le respect de la personne, sous le couvert de leur autorité ou doctrine; Chacun de nous tous devrait avoir ce droit, ce privilège, de se définir comme étant «Libre penseur» qui qu'il soit ou quelle qu'elle soit et ce partout sur terre, même que l'on soit religieux(se) areligieux(se) ou irréligieux(se). La liberté de penser, de choisir son orientation dans le respect d'autrui, est fondamentale, à l'évolution, et ce à l'échelle mondiale et dans tous les domaines et aspects de la vie.

Croyances, religions, cultes et symbolisme

Le vrai visage du terrorisme (Par Mme Carole Beaulieu, extrait de l'Actualité Sept 2006)

« Dans le sud de l'Afghanistan, une femme et son fils de 13 ans ont récemment été pendus à un arbre près de leur maison. Ils avaient dénoncé les talibans, qui menaçaient de bombarder l'école du village, coupable d'enseigner aux filles. Dans un village du nord-ouest du Pakistan, près des zones tribales interdites aux étrangers, des hommes ont été pendus puis décapités et exposés sur la place publique. Les talibans avaient pris le contrôle de la localité. Tous ceux qui collaboraient avec les autorités étaient punis. En Irak, des dizaines de victimes d'assassinats sectaires encombrent les morgues du pays. Au Liban, les combattants du Hezbollah crient victoire, alors que leur pays est exsangue. À Londres, de jeunes Britanniques d'origine indo-pakistanaise en apparence sans histoire sont accusés d'avoir voulu faire sauter en plein vol 10 avions gros porteurs...

Certains soirs, le bulletin d'informations a de quoi donner au Canadien moyen le sentiment que son bout de planète est une oasis de paix dans un océan de barbarie et d'obscurantisme. Saviez-vous que le président de l'Iran, Mahmud Ahmadinejad, un homme instruit, élu par des millions de gens, croit que la grande bataille cosmique marquant la fin des temps, Armageddon, Gog et Magog, l'Antéchrist et tout le reste a déjà commencé ? Que le retour de l'imam caché doit marquer la victoire des forces du bien contre celles du mal ? Ahmadinejad attendait cette victoire pour le 22 août... Elle n'est pas venue. Le président Bush, lui aussi, croit à Armageddon. Et toutes ses politiques sont teintées de cette vision apocalyptique d'affrontement entre le bien et le mal. Sauf que le bien de l'un est parfois le mal de l'autre. »

Les élus de Dieu

Le symbolisme ; une secte en fait grand usage, the Knights Of Columbus et leur maître suprême, leur mentor ; titre prétentieux. Ils utilisent tout un apparat ostentatoire de symbolisme ; cape, épée, crâne humain, armoirie et tout un décorum lors des rîtes usuels ou initiatiques. Cet ordre parareligieux utilise tout ce faste flamboyant et ésotérique presque théâtral. C'est un peu ridicule archaïque, mais ça fonctionne, ils recrutent des membres, de l'argent, organisent diverses activités lucratives, loteries, soirées etc. Bien entendu ils font donation et servent d'honorables causes, ce qui leur permet de demeurer « accepté et bienvenue un peu partout, » il en demeure toutefois que ce groupe sectaire, est tributaire d'une organisation mère aux États-Unis et leur « Maître suprême » me laisse sceptique ! Il y a pire, sous le couvert d'un orphelinat se cachait une organisation de pédophiles et d'homosexuels prénommés officiellement ; The Congregation of Irish Christian Brothers. Cette secte de pédophiles et d'homosexuels avaient fait de Mont Cashel un endroit où pour les jeunes garçons c'était en fait, un véritable enfer sur terre. Les agressions sexuelles étaient coutume, le chantage, l'abus, les sévices, sur ces pauvres orphelins, cette fornication courante, dont les détails scabreux, l'indécence et la monstruosité de ces ignobles individus nous est racontée dans le livre de Michael Harris « Les ordres trahis ». Les prochains font partie de l'élite de Dieu, je dirais, ce sont les élus de Dieu ; Juifs et témoins de Jéhovah ont cette particularité de se croire « Le peuple de Dieu », les élus de Dieu, le seul vrai peuple de Dieu. Ce besoin de se croire supérieur, que l'on retrouve chez le Judaïsme et la secte des témoins de Jéhovah : à la différence que les juifs sont « innés » élus de Dieu et les témoins de Jéhovah sont « devenus » élus de Dieu et que si vous rejoignez leur rang, vous deviendrez vous aussi, ferez partie vous aussi du « peuple de Dieu. » « Les élus » au royaume des cieux, à eux seulement, ne l'oubliez surtout pas à eux seuls, le royaume des cieux, bien entendu. Et tout ceci après la fin du monde, l'Armageddon, et dont « l'avènement » est imminente... selon leurs « experts » à New York dans leur gratte-ciel jaune... Cette secte sera la seule à bénéficier de la grâce de Dieu et son paradis. Quand à nous, et tous les peuples de la terre, nous ne sommes que des bêtes, sans âme, voués à rien, la seule et unique solution ; pour aller au royaume des cieux, le paradis ; devenir témoin de Jéhovah ! Cette secte, initiée par un états-unien, (secte pro américaine d'ailleurs) issue d'un escroc, un arnaqueur et beau parleur. Ce « Russel » de son nom, constata, qu'une bible à la main et une soi-disant bonne volonté on endormait, hypnotisait les gens facilement !

Le Dieu d'Israël

Comme ils me font peur ces israéliens et leurs antagonistes musulmans, tout aussi fervent de Dieu. Leurs chefs guerriers, leurs guerres incessantes, leur armement (2ième au monde) leur mur, on avait pas assez du mur de Berlin…, encore une histoire de castes, qui met en jeu de fanatiques, extrémistes de la droite ou religieux et implique d'autres pays, systèmes, appuis financiers, politiques et fervents religieux de diverses branches d'un christianisme adapté ou interprété à leur guise. Même dans l'illogisme et l'absurde, à espérer un nouveau monde, une renaissance. Adventiste, pentecôtiste et évangéliste tout comme leurs antagonistes Chiites ou Sunnites, soient appuient ou financent la guerre. Leur Dieu…, le Dieu d'Israël ou de la Mecque, tous au service du même Dieu ? Car ne dit-on pas qu'il n'y a qu'un seul Dieu qui règne ! Déposez les armes et faites la paix, alors, là nous vous croirons quand vous évoquez le nom de Dieu ! Extrémisme fanatisme fondamentalisme, l'intolérance à un autre mode de pensée ; ils détiennent la vérité, par les écrits de leur prophète, incontestables paroles de Dieu, un absolutisme radical mélangé d'un nationalisme exacerbé un endoctrinement prolongé assidu, et voilà, ils perdent la raison. Envoûtés, refusant toute évolution, d'un intégrisme intransigeant mené par des dictats, despotes sans bornes. Ce fondamentalisme à une doctrine, ruine la liberté de penser, d'élargir ses horizons, d'évoluer tout autant. Il en résulte une frustration, une haine envers « Les autres. » Ce radicalisme, ultra orthodoxie de croyance religieuse, symbolisé de rituel, amène le fanatique à déraper facilement ; De l'extrémiste, d'un absolutiste à un terroriste, d'autant plus qu'on lui promet une entrée triomphante au paradis avec cent filles vierges à sa disposition. Comment peut-on en arriver à croire à autant de balivernes ? À devenir un assassin au nom de Dieu ? Il faut être complètement hypnotisé, envoûté mais c'est un fait et un réel danger omniprésent. Les élus de Dieu, cette croyance fortement enracinée depuis des millénaires, perdure même de nos jours. Ces élites et leur

Les événements du 11 septembre 2001
sont à jamais gravés dans notre mémoire. Ce jour-là, les États-Unis ont subi
les pires attaques terroristes de leur histoire. Des terroristes ont détourné quatre avions commerciaux, dont deux sont
allés s'écraser contre les tours jumelles
du World Trade Center, à New York,
détruisant un des symboles de la puissance financière américaine. Un troisième avion a foncé sur le Pentagone,
qui abrite le Quartier général de l'armée américaine, près de Washington
(D.C.), et un quatrième s'est écrasé dans
un champ dans le sud-ouest de la Penn-
sylvanie. Ces attaques, qui ont fait des
milliers de victimes, auraient été com-
manditées par le groupe terroriste
musulman Al-Qaida. Les États-Unis et
leurs alliés ont déclaré la guerre au mouvement Al-Qaida et à ceux qui le
soutiennent en Afghanistan.

doctrine, religions et leurs attentes, d'un nouvel ordre mondial, le retour en force du Christ, ou tout autres formes de croyances déraisonnées, envers un élitisme qui en définitive, se traduit par du totalitarisme, de l'absolutisme, ajoutez-y, l'incohérence, le farfelu, l'anarchie, la confusion des genres, vous obtenez la recette; La vie sur terre depuis que l'homme, l'humain (intelligent) a trouvé Dieu (son, ses Dieux). L'absolutisme menant au despotisme même au terrorisme! L'absolutisme religieux, l'ultra orthodoxie, le fondamentalisme; l'extrémisme mènent au pouvoir indirectement ou directement. Se représentant de respect, de piété de grande dévotion, mais au-delà de ces façades (mascarade) d'hypocrites, et viles intentions animent ces docteurs de foi, de loi! Le but de ces idéologies; c'est l'asservissement de l'homme et de la femme mais surtout de la femme plus que l'homme. Même de nos jours en cette nouvelle ère, qui souffrent le plus sur cette terre? Les femmes, les pauvres. Les riches, les puissants dominent font la guerre, la destruction. Ils créent la souffrance, la pénurie et l'asservissement de populations entières. C'est assez de folie, réveillez-vous, la paix, le respect de l'être, de l'individu, de la vie, des principes intrinsèques universels doit être établi et respecté par tous les peuples. Ces deux sujets sont issus de reportages effectués par une équipe télé journalistique qui fait un travail remarquable. S'ils découvrent un endroit sur la planète, exemple, un endroit interdit aux touristes; En chine, ils découvrirent une magouille légale qui consiste à extraite du sang humain, des pauvres pour en faire des gélules fortifiantes vendu aux riches. Ils utilisent toujours les mêmes seringues et propagent le SIDA à grande échelle. Les pauvres gens pour quelques «sous» vendent leur sang et récoltent le SIDA... Alors on les regroupe, les isolent, ils vivent un misérabilisme incroyable et n'ont que l'Aspirine pour se soigner. Ce n'est pas pour rien que cet endroit est interdit aux touristes... Cette même équipe télé journalistique fit un reportage sur l'excision des jeunes filles en Afrique musulmane, qui révéla la réponse à une question que je me posais. Pourquoi des femmes en viennent elles à faire subir de tels supplices, horribles sévices à des jeunes filles? Comment comprendre les femmes complices de cette barbarie? Et bien on les paye. On leur donne de l'argent, on achète leur service (l'excision) et elles le disent ouvertement à la caméra du reporter «*C'est très payant d'exciser les jeunes filles.*» Croyez le ou non, c'est à une Mosquée qu'elles vont se faire payer en échanges du «Butin» qu'elles leur donnent dans un plat! L'Imam, «Morbidus» répond au reporter; «*C'est une tradition ou vous préférez que vos filles couchent de gauche à droite ou vous choisissez l'excision.*» Peu importe les traumatismes ou même la mort quelques fois, le tout étant effectué sans mesure humanitaire, à froid! Mme La Baronne Rendell de Babergh qui milite pour l'alphabétisation et l'égalité des femmes en a fait son cheval de bataille; La lutte contre l'excision et la mutilation génitale. *«Je suis très active dans ce combat,* confira-t-elle en entrevue. *Je mène une campagne pour faire cesser ces pratiques dans mon pays, ainsi qu'en Somalie et en Érythrée, où le pourcentage de femmes excisées avoisine les 100%. Nous avons ici depuis 1985, une excellente loi contre l'excision et le fait de traîner une femme hors du pays (Angleterre), pour la faire exciser.»* (Ruth Rendell, propos extrait de la revue, l'Actualité nov. 2006).

212 chefs contre l'excision

DIAMAKOUTA (Sénégal) (AFP)—Les chefs de 212 villages sénégalais et gambiens se sont engagés dimanche dans le sud-ouest du Sénégal à veiller à l'abandon de l'excision et du mariage précoce dans leurs communautés, a constaté un journaliste de l'AFP.

Traditions

«Ca a été très difficile au départ, les villageois étaient si attachés à leurs traditions. Il a fallu impliquer les chefs religieux et coutumiers ainsi que les femmes pour convaincre les communautés d'abandonner le mariage précoce et l'excision», a expliqué à l'AFP Kalidou Sy, coordinateur national pour Tostan.

L'excision, qui consiste en l'ablation de certaines parties génitales, est une coutume présente principalement en Afrique et dans le monde musulman, pratiquée sur des fillettes souvent âgées de moins de dix ans. Elle est interdite au Sénégal depuis 1999 mais perdure dans certaines zones rurales. Selon le Fonds des Nations Unies pour l'enfance (UNICEF), 130 millions de fillettes et femmes sont excisées dans le monde.

Environ 1500 habitants des villages concernés - 12 gambiens et 200 sénégalais -, se sont regroupées dans la localité de Diamakouta, à moins de 10 km de la frontière entre les deux pays, en Casamance (sud du Sénégal) pour une cérémonie tenue en présence des autorités locales et de responsables de l'Ong sénégalaise Tostan ("percée" en wolof).

Au cours de la manifestation, des témoignages, des spectacles de danse et de théâtre ont exposé les risques et méfaits de l'excision et du mariage précoce après une déclaration commune d'abandon de ces pratiques lue par une jeune fille dans plusieurs langues (français, anglais et langues locales). Tostan oeuvre depuis 10 ans à éradiquer l'excision dans le pays à travers des actions de proximité axées sur l'éducation.

Il s'agit de la 26e déclaration d'abandon de l'excision depuis 1997 au Sénégal. Au total, 2,299 villages, soit 45% des 5,000 communautés qui pratiquaient encore l'excision il y a dix ans, ont déclaré l'abandon de cette pratique, selon Tostan.

JOURNAL DE QUÉBEC | LUNDI 28 MAI 2007

Science et raison face aux églises.

Voici un exemple que l'ordre céleste universel tel que je l'ai conçu fût depuis Socrate jusqu'à nos jours, élaboré. La précision que j'y apporte n'est que la continuité de notre quête de compréhension «existentielle.» Voici les propos d'Élisabeth Labrousse qui fût maître de recherche au CNRS Europe. «En effet, les connaissances récemment acquises en astronomie, comme les théories concernant l'être vivant, l'embryogenèse, conduisent plus que jamais à voir dans «l'ordre cosmique», une merveille permanente; La régularité immanquable des lois qui gouvernent la matière atteste d'une sagesse infini du créateur, de la puissance d'un grand architecte.» Elle, Hume et Pascal furent à deux doigts de concevoir, l'ordre céleste universel tel que formulé par l'auteur.

Une nouvelle secte ?

Primo, qu'est-ce qu'une secte ; Le Robert définie une secte comme étant : Un groupe organisé de personnes qui ont la même doctrine au sein d'une religion, une communauté fermée, d'intentions spiritualiste, ou des guides, des maîtres exercent un pouvoir absolu sur les membres. Larousse définit une « secte » comme étant : un ensemble de personnes qui professent la même doctrine, de ceux qui se sont détachés d'une communion religieuse. Le dictionnaire encyclopédique Quillet Grolier définit une secte comme suit : parti composé de personnes qui ont les mêmes opinions, font profession des mêmes doctrines. En religion, on dit aussi de ceux qui ont une opinion regardée comme hérétique ou erronée. Se distinguer des autres par des opinions singulières être très intolérants ; avoir « *l'esprit de secte* » ! Les sectes et leurs idoles, selon Placide Gaboury, (Professeur Universitaire, lettres et philosophie). Le mot « Secte » vient de « Secare » et de « Sequi » deux verbes latins dont le premier signifie « rompre ou couper », et le second, « Suivre ». En principe, la secte serait donc une portion qui s'est détachée d'un groupe majoritaire, et qui suit servilement un chef « Hérétique ». Sans lien direct avec les religions majoritaires et constituent des îlots de surchauffe dogmatique et tyrannique inspiré par des croyances indépendantes. Entre les participants et leur gourou, sans tenir compte de leur niveau de conscience qui, du reste est toujours indéfinissable, un contrat additif fait de domination et soumission, un jeu d'emprise et d'intrusion, d'adulation et de vénération qui, très précisément, nie le projet de croissance personnelle. Par exemple, le christianisme à ses débuts était

Waco et Ruby Ridge

Deux événements dont on a beaucoup parlé ont contribué à attirer l'attention sur les mouvements extrémistes.

Le premier événement s'est produit en 1992 à Ruby Ridge (Idaho). Les agents fédéraux avaient alors assiégé la demeure isolée de Randy Weaver, séparatiste blanc inculpé de trafic d'armes et suspecté (puis acquitté) de meurtre. Au cours de cette descente, l'épouse de Weaver et son fils de 14 ans ont été tués par balle. Les agents ont affirmé qu'ils n'avaient pas tiré intentionnellement sur les victimes, mais les groupes de droite soutiennent que celles-ci avaient été visées.

Le deuxième événement a eu lieu en 1993 à Waco (Texas). Les agents fédéraux avaient tenté de s'introduire dans une commune où les membres d'une secte religieuse nommés les Davidiens conservaient de dangereuses armes à feu, dont des mitrailleuses. Au cours d'un échange de coups de feu, quatre agents fédéraux et six membres de la secte ont trouvé la mort. Les agents ont alors résolu d'encercler le bâtiment. Au bout de 51 jours, ils ont tenté de s'en approcher. Le chef de la secte, David Koresh, a alors mis le feu au bâtiment, entraînant avec lui 80 membres dans la mort. Bien que rien ne puisse confirmer une telle affirmation, les groupes extrémistes ont déclaré que l'incendie avait été déclenché par les agents eux-mêmes.

Le Congrès américain a tenu des audiences sur ces incidents en 1995. Les organismes gouvernementaux impliqués dans ces affaires — le FBI et l'ATF (Bureau of Alcohol, Tobacco and Firearms — ont admis qu'ils avaient commis certaines erreurs, ce qui les avait d'ailleurs contraints à apporter des changements à leurs méthodes. Pour les extrémistes de droite, ces événements incarnaient plutôt l'abus de pouvoir du gouvernement. Présentant Weaver et Koresh comme des victimes du gouvernement et des martyrs de la «cause patriotique», ils ont suscité une certaine sympathie pour les positions anti-gouvernementales. L'attentat d'Oklahoma City s'est produit le jour même de l'anniversaire de l'incendie de Waco. Or, on sait que McVeigh s'était rendu à plusieurs reprises dans la commune de Waco.

considéré comme une secte par la religion officielle d'alors, la gréco-romaine, et persécuté en conséquence. Mais une fois devenue majoritaire et triomphante, cette nouvelle religion a passé pour être «La bonne». Toutefois, un regard tant soit peu rigoureux et désintéressé sur l'histoire nous montre qu'aucune religion n'a été la «bonne»: Elles sont toutes prétentieuses, diviseuses et abusives. Même si l'on considère habituellement les religions traditionnelles comme d'emblée moralement supérieures, politiquement correctes et gardiennes de la vérité, la réalité tend à démontrer le contraire. La durée d'une tradition, son élite sainte, sa réussite sociale, sa richesse culturelles, la supériorité en nombre et en qualité de ses trésors artistiques ne peuvent aucunement en occulter, (ou faire oublier) les actes de manipulations, le fanatisme et l'intolérance.

Ses vertus pourraient même lui servir d'écran, de poudre aux yeux, de paravent, le pouvoir exercé en vase clos ou à l'intérieur d'une religion farouchement (ou exclusive), se modèle sur toute forme de tyrannie, comme ce fut le cas avec le stalinisme ou l'hitlérisme (nazisme), qui ont su berner les intellectuels de l'époque. Mais ce pouvoir est dangereux, d'autant plus dangereux qu'il est exercé au nom d'une réalité surhumaine, d'une divinité. On fera même à croire que le langage et le vocabulaire pieux et théologique utilisé par les religions maîtresses montrent clairement combien leurs intentions sont claires et pures, leur générosité, complètement désintéressée et que des êtres ainsi consacrés à faire connaître et régner dieu sont dépourvus de duplicité, d'arrogance et de prétention, que la religion à complètement transformé les clergés et leurs phalanges. Mais si le fanatisme tyrannique peut être occulté dans les grandes religions qui disposent d'énormes moyens à cette fin, il est beaucoup plus transparent dans les petites unités, les sectes. L'arrogance même des grandes religions considère les sectes comme des trahisons de la vérité et du message divin, alors qu'elles-mêmes se voient comme des canaux purs et irréprochables. Aussi, Anthony Storr a-t-il raison de dire que: les croyances particulières partagées, par un petit nombre sont considérées comme étant fondées sur l'illusion (on les appelle «sectes» et leurs gourous, doués de charisme ou d'un «talent de vendeur» qui manipulent d'autres humains crédules, pour les enfermer dans un cocon de croyances. Ceux-ci deviennent en sommes les clones du «du maître») Alors que des systèmes de croyances qui peuvent être tout aussi illusoire mais qui sont partagées par des millions de personnes sont appelées des religions mondiale. Or, si l'on y regarde de près on comprendra facilement que tout système fermé, manipulateur, fanatique qui a une prétention religieuse quelconque prend finalement les mêmes traits et engendre les mêmes travers, indépendamment du fait qu'il rassemble soit une foule nombreuse, soit un petit groupe exclusif, qu'il ait eu une longue histoire ou qu'il vienne à peine de naître, comme c'est le cas de plusieurs sectes. L'ordre céleste universel, l'ordre céleste et compagnie, l'alliance fusionniste universelle; et l'ordre du nouveau millénaire, leur fondateur M. Michael Lovingston, métaphysicien, n'ont rien à avoir, de commun avec une secte! Aucun pouvoir absolu n'est ou ne sera exercé sur qui que ce soit. L'absolutisme, le despotisme est l'ennemi de l'homme et de la femme.

Libre penseur, voici le premier précepte du maître à penser de l'ordre céleste universel; «homme, femme, libre de pensée, libre de croyance, d'allégeance, je suis, je vais». L'esprit plus fort que la matière, tout est possible! L'ordre du nouveau millénaire, ce nouveau millénaire qui débuta dans un climat de peur, paranoïa, de haine (guerre), la bogue de l'an 2000, qui fût inexistant, les attentats du 11 septembre 2001 qui raviva la haine et la vengeance, qui fit monter en flèche, armement, invasion, destruction (Bagdad) peur et paranoïa, triste début pour le nouveau millénaire! La convergence pluri-disciplinaire de l'ordre céleste universel telle que je la conçois, dans la même optique, toujours sous l'égide de l'OCU; nous pourrions en arriver à concrétiser un nouvel ordre mondial, une révolution paci-fiste, une altermondialisation, une alliance, fusionniste universelle, qui libérera l'humanité des puissances actuelles; guerrières destruc-trices, déshumanisantes. En ce début du nouveau millénaire, si rien ne change nous ne verrons pas la fin du siècle! Le nouveau millénaire sera merveilleux, ou lamentable, extraordinaire ou perfide, révélateur ou apocalyptique... C'est à nous «tous», de choisir d'agir surtout. Insufflons une nouvelle mentalité, libérons l'humanité de ces «autorités suprêmes» qui ne cherchent qu'à profiter exploiter, asser-vir, que ce soit par la force des armes, ou un endoctrinement engagé, gouvernements, religions, groupes extrémistes, on nous fait croire que les bons, justes, luttent contre les méchants, alors que dans les faits; c'est l'anarchie dans une quête de puissance, d'absolutisme d'un bord comme de l'autre «or ces croyances, basées sur des préjugés érigés en certitudes et sur une fuite continuelle de la critique, ne pourront s'entendre avec la mentalité du troisième millénaire» (Placide Gaboury). «Les sociétés vont basculer, car les temps d'un ordre majeur, l'ordre fusionnel, sont arrivés. La fin de temps est celle de l'obscurantisme. Spiritualités, religions, idéologies, nationalismes, toutes les croyances, toutes les adhésions enferment l'homme dans des systèmes qui l'abrutissent ou l'endorment. Les temps de l'éveil sont arrivés! Nul ne pourra y échapper, s'y soustraire.» Johann Soulas, physicien. «L'ordre et seul l'ordre, fait en définitive. La liberté, le désordre fait la servitude.» (Ch. Péguy). L'ordre social n'est pas donné, il est «construit», de diverses manières par la socialisation, l'éducation et par les processus de hiérarchisation sociale. La loi et l'ordre ne sont pas l'expression de l'accord de l'ensemble des membres d'une société. La définition de l'ordre légal est donc l'objet de conflits, de débats et de compromis. Pour arriver à une paix et justice, (équité et respect) une propension à l'universalisme est de mise, un mondialisme qui considère la réalité comme un «tout» unique dont dépendent les individus, sans distinction de peuple, de race. C'est à chacun de nous, de vous, de tous de s'adjoindre à l'évolution pacifiste, la réforme du nouveau millénaire. Oui, toi, moi, nous sommes (comme disaient nos ancêtres) tous dans le même bateau. La même petite planète «terre», où nous cohabitons tous, invariablement, universellement, ce grain de sable dans l'univers, à l'échelle cosmique. Comme toi et moi, poussière sur cette terre? Le nouveau millénaire nous invite au changement, car il y a encore beaucoup de chemin à faire...

Ordo Caelestis universalis

L'ordre du nouveau millénaire, homme, femme, libre de pensée, libre de croyance, d'allégeance venez à l'OCU, je suis, je vais; vers la suprématie du maître suprême de l'ordre céleste universel, nous proclamons vive Dieu; Unissons nous, nous ne serons que plus forts, devant l'adversité, la cupidité guerrière, destructrice, déshumanisante ensemble altermondialistes, écologistes, visionnaires du nouveau millénaire venez à l'alliance fusionniste universelle de l'ordre céleste universel vers un monde meilleur! Au début de ce nouveau millénaire, un nouvel ordre mondial à venir? Espérons le, la paix, la justice. L'équité, le respect de l'environnement, des écosystèmes de notre biosphère, il y a tant à faire et il vaut mieux prévenir que guérir!

Ordre universel et Lois cosmiques

De tout temps, les humains ont inventé un vocabulaire approprié à ce qu'ils voulaient définir, selon la perception qu'ils avaient de certains objets et manifestations de la nature venant de leur environnement terrestre ou céleste. Ils interprétaient les faits ainsi que les événements dans un langage assez particulier, à travers un esprit imaginatif et susceptible de révéler ces faits et ces observations comme étant des réalités objectives, subjectives, voire même métaphysiques.

Encore de nos jours, on entend souvent parler de lois universelles ou d'ordre cosmique qui auraient pour fonction de régir toute manifestation, qu'elle soit du domaine du monde du vivant ou plus

spécifiquement de l'organisation complexe de la matière depuis le «Big Bang» initial. À première vue, toutes ces «*lois*» nous semblent se manifester dans un «*ordre*» bien établi et même programmé dans un but ultime. Un peu comme si la complexité de la matière était le mécanisme par lequel devrait surgir une certaine perfectibilité absolue que nous humains appelons conscience individuelle ou cosmique.

Une conscience donc (*ou un esprit*) à fois inaliénable et éternelle qui serait issue d'une organisation complexe de particules élémentaires qu'est la matière qui compose le monde du vivant. Mais s'il en était ainsi, le processus de dégradation des éléments énergétiques, telle la mort de toute espèce par exemple, soit animale soit végétale, serait inexistant. Une conscience en devenir qui aurait pour dessein un état de perfection absolue ne pourrait par conséquent subir une telle régression dans le temps et dans l'espace. Alors comment peut-on vraiment concevoir que ces «*lois*» ou cet «*ordre*» puissent réellement être définis dans le cadre d'une réalité métaphysique?

Il serait alors tout à fait justifié à mon avis de changer les mots «*lois*» et «*ordre*» par: *Manifestations aléatoires du grand mouvement des particules élémentaires qui auraient pour effet de provoquer les multiples changements de processus d'activité des structures énergétiques régissant tout notre univers.* Il en va évidemment d'une réalité qui se situe en dehors de toute conception qui fait appel à la sensibilité de l'observateur et à ses croyances irrationnelles. En dehors et plus pertinente sans doute car cette représentation rationnelle de la matière en activité semble beaucoup mieux ajustée à notre univers mental du troisième millénaire.

C'est bien sûr que nous sommes aussi des êtres de sensibilité et d'émotion, et qu'il est plus agréable à l'œil de voir une fleur s'épanouir plutôt que de la voir se faner ! Nous avons aussi une perception assez particulière et personnelle pour ce qui est de la beauté ou de la laideur, du bien ou du mal, du vrai ou du faux. Tous ces phénomènes sont imputables à la dimension irrationnelle et sensible de l'être humain, mais ils n'ont aucune résonnance avec le monde du réel.

À l'échelle de l'univers par contre, la nature suit son cours et se manifeste à travers différents processus d'activité énergétique, tout simplement. Et tout s'inscrit dans le grand mouvement universel, dans un éternel brassage aléatoire, sans lois ni ordre prédéterminé. L'univers se manifeste à travers un chaos presque total, mais qui donne lieu à l'occasion à de petits îlots d'organisation de la matière dont est issu le monde du vivant, y compris nous, les humains.

Y a-t-il là de quoi se lamenter ? Pas du tout puisque nous sommes nous-mêmes partie intégrante de cette énergie universelle en perpétuelle transformation. Notre corps matériel n'est en fait qu'une simple expression de la nature. Une masse de particules élémentaires dense mais éphémère que nous appelons énergie biologique.

Qu'est ce que l'ordre ?
Un « ordre » mondial bien désordonné

Qu'est ce que l'ordre ? Avant tout une exigence pratique. Freud aimait à citer cet apologue chinois, lui-même rapporté par Popper-Linkeus : devant une porte, si tout le monde veut passer en même temps, personne ne passera ; mais si chacun veut laisser passer l'autre, et réciproquement, personne ne passera non plus (rêveries d'un réaliste, Gallimard, 1990). Tout ordre est un ordre de passage et une manière de partage. Qu'en est-il dans le domaine bien particulier des affaires qualifiées de « politiques » ? Le besoin qui s'en fait sentir, aussi bien en politique interne qu'en politique internationale, pour autant qu'on puisse les dissocier, ne saurait être compris que si, au préalable, le mot qui le désigne, et le concept auquel ce mot se rapporte, sont, eux aussi compris. Cette nécessité serait parfaitement illustrée en premier lieu par le dernier sommet du G8 à Gênes. Les représentants des pays les plus puissants de la planète se sont réunis dans ce port italien pour tenter de définir une marche du monde qui concilie autant que possible développement économique, efficacité sociale, et justice pour les plus démunis, qu'il s'agisse d'États, réduits en vérité au rang de pseudo-États, tant leur font défaut les attributs réels de la souveraineté, ou, à l'intérieur d'États véritables, de couches sociales ou de groupes humains réduits à la précarité ou condamnés à la mendicité (globalization an identity, Dialectics of flux and closure; edited by Birgit Meyer and Peter Geschiere, Basil, 1999). Le dernier G8 se proposait de progresser encore dans l'élaboration d'un «ordre du monde» qui se fût démarqué de la notion d'«ordre» telle qu'elle était entendue au temps de la guerre froide et de l'antagonisme entre «monde libre», anti-totalitaire, et pays communistes, anti-impérialistes (Enzo Traverso, Le totalitarisme, Seuil, Points, 2001). Cette nouvelle représentation de l'ordre — pour ne pas utiliser ici l'expression équivoque «d'ordre nouveau» dont il est inutile de souligner les connotations idéologiques, devenues de fort mauvais aloi — tend, officiellement à faire coïncider, aussi étroitement et aussi justement que possible, deux nécessités actuelles. L'une se nomme mondialisation. Elle incite à se représenter le monde sous la forme d'une entité unique et non plus sous celle du «monde cassé» évoqué par Gabriel Marcel au temps de l'antagonisme entre l'Est et l'Ouest. Une entité intrinsèquement communicante, favorisant les échanges économiques, mais aussi les interférences culturelles, le désenclavement des idées, le dialogue des religions, le colloque des croyances. À ce titre, la mondialisation tendrait vers un des idéaux les plus élevés de la conscience humaine: l'universalisme (Pierre Leroux, De l'Humanité, Fayard, 1985). Mais pour y atteindre, elle s'efforce de «maximiser» ses différentes efficacités: technologiques, cognitives, gestionnaires. Ces efficacités-là sont-elles vraiment partagées, le partage étant, nous le verrons, l'une des conditions de l'ordre vivant? Tendant vers l'instauration d'une démocratie universelle, celle-ci laisse parfois démentir cet idéal par ses procédés incurables, parfois qualifiés de néo-impérialistes (René Passet, Lettre sur la mondialisation par un présumé anti, Fayard, 2000). La démocratie, dit-on, exige, pour être validée, le débat et la discussion. À cette fin l'éthique de la discussion vient «axiomatiser» à la fois la politique de la délibération et la délibération de la politique. Point n'est besoin de revenir sur les analyses de Jürgen Habermas à ce sujet. (Deliberative democracy, Essays on reason and politics, Edited by James Bohman and William Rehg, MIT Press, 1997). Cependant, il ne saurait être question de réduire l'aire démocratique que l'on nomme parfois post-totalitaire — à la seule discussion, verbale, aussi ouverte qu'elle se veuille, des procédures et des modalités techniques de principes placés, eux, hors discussion, et d'axiomes abusivement érigés à la hauteur des lois non écrites et immémoriales invoquées par Antigone sans en avoir la dignité. Même les droits de l'homme n'y échappent pas. La démocratie post-totalitaire, confrontée aux contradictions et aux dilemmes de la mondialisation, doit porter également sur ces principes et sur ces axiomes, rien n'allant de soi, aucune politique, et surtout pas économique, n'étant considérée comme «naturelle» au sens où l'on parle parfois de droit naturel. La novation de l'idée d'ordre est à ce prix même s'il est inévitable que l'on se serve d'un même mot pour désigner des réalités qui ne lui correspondent plus. Mais n'en va-t-il pas de même aujourd'hui avec le concept de «souveraineté» (Raphaël Draï, Grands problèmes politiques contemporains, Les nouvelles échelles de la responsabilité politique, Presses Universitaires d'Aix Marseille, 2001)?

Or que s'est-il passé à Gênes? Pour le dire dans le langage journalistique, cette ville, pourtant placée en état de siège, a été le théâtre de violents affrontements, sanglants même, ayant causé la mort d'un manifestant, entre «anti-mondialistes» et forces qualifiées, itérativement et, peut être archaïquement, «de l'ordre», des forces bien décidées, sur injonction des pouvoirs publics, à ne pas laisser se répéter les violences et les désordres de Seattle en 1999 et de Göteborg l'année suivante. Ces violences et contre-violences engrenées ont suscité bien des réactions et appellent de nombreux commentaires. Par suite, elles devraient inciter aussi non pas à la résurgence ou au recyclage des antagonismes «anté-totalitaires» — mentalement favorisés par les schématisation à la Carl Schmitt, elles aussi globalisantes, formidablement et dangereusement simplifiantes, des oppositions en présence, mais comme, on le propose ici, à une nouvelle analyse du concept d'ordre, de sorte que le mot qui lui corresponde ne soit plus utilisé pour désigner des réalités ou des situations inverses, de désordre — d'ordre défait, dans les deux sens du mot —, de diatribe, de procès d'intention, se résolvant d'un côté par slogans lapidaires ou passages à l'acte, et de l'autre à coups de matraques ou de gaz lacrymogènes, lorsque ce n'est pas à balles réelles ou à coup d'attentats terroristes génocidaires, comme celui qui a frappé les États-Unis le 11 septembre, chaque camp revendiquant la qualité de démocrate et accusant l'autre de vouloir rétablir le règne de la force et de la brutalité, minéralisant un « ordre » qui violenterait les valeurs de liberté et de justice.

Car, après la « mort » présumée des idéologies et le constat des difficultés nouvelles rencontrées pour les transformer en idéaux réels, si l'on peut ainsi s'exprimer, autrement dit désillusionnés, au sens freudien, seuls les comportements de chacun laissent désormais inférer, reconnaître et valider sa véritable échelle des valeurs (John Rawls, Lectures on the History of moral philosophy, Harvard University Press, 2000). Néanmoins, pour aussi regrettables, déplorables ou injustifiables qu'elles apparaissent, ces manifestations de violence présentent peut être un avantage en science politique:

elles permettent de ne plus considérer chaque camp de manière simpliste. Plus grave que les violences commises à Gênes, l'attaque terroriste contre New York incite, pour sûr, à reconsidérer ce qu'il reste convenu d'appeler l'ordre mondial, identifié à la surpuissance américaine (Le nouveau désordre mondial, Supplément du journal Le Monde, 27 septembre 2001). Il est encore bien trop tôt pour analyser les conséquences de cette attaque. La sidération ou la fascination, parfois, morbides qu'elle a suscitées comportent trop d'éléments troubles, y compris chez les amis et les alliés des USA pour ne pas aborder avec circonspection la mise en cause de leur responsabilité supposée dans l'agression qui en quelques instants a fait plusieurs milliers de victimes civiles, compactées dans un indéchiffrable cimetière. De nombreuses analyses sont si fortement imprégnées de ressentiment à l'égard de la seule surpuissance mondiale actuelle — puissance pourtant « assurantielle » s'il en est (Zbigniew Brezezinski, Le grand échiquier, L'Amérique et le reste du monde, Hachette, Pluriel, 2000), sans les moyens de laquelle aucune démocratie ne saurait défendre son existence, en cas de menace extrême dirigée contre elle — qu'il est toujours possible de se demander si le désordre qu'on voudrait lui imputer ne commence pas dans l'esprit de ceux qui la jalousent. Une si patente incommunicabilité entre cette démocratie placée à l'enseigne de In God We Trust et les États, ONG ou personnalités qui se comportent parfois à son égard comme le renard aux raisins verts de la fable soulève donc bien la question portant sur la compréhension du concept d'ordre, exposé à son tour à un préoccupant désordre intellectuel. Lorsque les mots dont elle doit user sont troublés au point de la mettre en cause dans son principe, la science politique ne doit-elle pas s'essayer à en restituer la teneur en information? (W.J.M. Mackenzie, Power, Violence, Decision, Penguin Books, 1973). On s'y essaiera ici en une première étape de cette recherche, par une exploration analytique du vocabulaire à la fois indo-européen et biblique qui tend à désigner ce que « l'ordre » serait, ou ce qu'il devrait être.

1. Ce que ordo voudrait dire

Retrouver le sens du mot « ordre » dans un tel contexte, ce n'est certes pas sacrifier à l'on ne sait quelle convenance méthodologique obligée. C'est plutôt tenter de reconstituer une intuition première, non pas forcément pour y adhérer — l'archéologie ne se confond pas avec le culte de la déesse-mère, serait-elle la « langue mère » — mais afin de porter un jugement en connaissance de cause sur l'une de ces entités profondément ambivalentes et amphibologiques qui qualifient le « phénomène humain », entités qu'il faut savoir entendre de manière « stéréophonique » et comprendre de façon « stéréologique » : sans privilégier une langue plutôt qu'une autre, une acception plutôt qu'une autre, mais en faisant droit à ce que chacune signifie, même si, en un premier temps, il semble que le principe de non-contradiction n'y soit pas manifeste. Car, s'agissant du concept d'ordre, nul n'a plus droit à deux erreurs corrélatives.

La première laisserait imaginer que l'ordre est uniquement synonyme de contrainte et de coercition, qu'il suffirait d'y mettre un terme pour qu'aussitôt et mécaniquement la liberté et l'abondance s'instaurent, avec une magique paix civile. La pragmatique, — pour ne pas dire, plus communément, l'expérience — politique démontre ad nauseam que l'absence d'ordre engendre plutôt le chaos et l'anarchie, la guerre civile et le malheur public d'où germent ensuite Léviathan (12) (Norbert Campagna, Thomas Hobbes, L'Ordre et la liberté, Michalon, 2000) et Béhémot (Franz Neumann, Béhémoth, Structure et pratique du national-socialisme, Payot, 1987); et que, par suite, il serait particulièrement périlleux de s'adonner à ce type de logomachie folle enchèricheuse. Un des axiomes les plus anciens de l'éthique hébraïque le vérifie: « Prie pour la paix de l'État; autrement chacun avalerait son voisin vivant » (Pirké Abot, III, 1). L'autre laisse supposer, au contraire, que l'ordre bien entendu est la condition sine qua non de la liberté politique et de fécondité économique. À tel point qu'il s'érige en bien premier, telle une fin en soi, serait-il établi et maintenu par la contrainte qui le rigidifie et par une violence qui en obérerait les intentions premières (La démocratie en France, sous la direction de Marc Sadoun, Gallimard, 2000). Que signifie donc initialement ce mot d'une si grande importante ? L'étymologie se fait alors anamnèse, reconstitution d'une mémoire qui restitue aux langages, aux comportements et aux institutions des significations dont les carences en science politique finiraient par la mutiler.

À suivre les conjectures de Émile Benveniste (Le vocabulaire des institutions indo-européennes, Les Éditions de Minuit, 1969), l'on constate que, phonétiquement, le mot : ordre, tel qu'on le prononce en langue française, mais aussi en anglais (order) ou en allemand (ordnung), se rapporte à une racine indo-européenne plus originaire, une racine védique : RTA. Pourtant la phonétique, appuyée sur la phonologie (Roman Jakobson et Linda Waugh, La charpente phonique du langage, Éditions de Minuit, 1980), ne se suffirait pas à elle-même si les significations qu'elle approche ne se rejoignent pas profondément, en une sorte de faisceau de présomptions convergentes, dirigées vers une réalité identifiable, sinon vers vérité incontestable. À poursuivre cette investigation, il apparaît que cette racine se rapporte à une notion essentielle de l'univers juridique mais aussi religieux et morale des indo-européens. Cependant, en ce point, la tautologie ne risque-t-elle pas de se nouer si l'on n'établit pas en quoi pareille notion, en un tel contexte, est bien « cardinale » — ce qui, au passage, ramène à la considération d'un « ordre des ordres », simplement « ordinaux » -, ordre cardinal inhérent à celui que nous cherchons à éclairer (Santi Romano, L'ordre juridique, Dalloz, 1975). L'on soulignera, chemin faisant, à quel point, dans toute anamnèse une tautologie minimale est inévitable, en attendant d'être résorbée par ce qu'elle aurait permis de faire apparaître des possibilités de sa résolution.

Par conséquent, et toujours selon Émile Benveniste, ce que l'on nomme « ordre » — signifiant suprême à la recherche de sa propre référence — se rapporte à « cela » — terme provisoire, générique et catégoriel — qui règle aussi bien « l'ordonnance » de l'univers, le mouvement des astres, la périodicité des saisons et des années, que les rapports des hommes avec les dieux, enfin des hommes entre eux. Le vocabulaire hébraïque conforterait ces vues, comme l'illustrerait le psaume 19 (versets 1 à 7) (Raphaël Draï, la communication prophétique, Tome 1, Le Dieu caché et sa révélation, Fayard, 1991). Or Benveniste ajoute : « Rien de ce qui touche, à l'homme, au monde, n'échappe à l'empire de « l'Ordre » ; c'est donc le fondement tant religieux que moral de toute société ; sans ce principe tout retournerait au chaos ». Affirmation « indo-européaniste » que le vocabulaire biblique, utilisé en l'occurrence selon des vues comparatistes, vérifiera encore, nous le verrons. Ces nouvelles indications appellent néanmoins quelques observations supplémentaires.

Benveniste souligne bien que le caractère « cardinal » de l'ordre, d'abord « ordinal », (on parlera, pour finir, avant d'analyser ces concepts dans la seconde partie de cette recherche, d'ordre primaire et d'ordre secondaire ») est lié à cette double caractéristique. L'une statique : il est le fondement de toute société ; l'autre dynamique : privé de ce fondement le retour au et du chaos devient inévitable. Ce qui signifie que l'ordre ne s'envisage pas pour lui-même, qu'il est « sanctionné » (James N. Rosenau, Along the domestic frontier, Exploring governace in a turbulent world, Cambridge University Press, 1997). L'investigation proprement philologique n'est alors pas terminée puisque, pour expliquer le concept d'ordre et pour le rendre linguistiquement opératoire, Émile Benveniste doit recourir à trois autres termes au moins, dont on ne sait s'ils l'éclairent ou s'ils sont éclairés par lui : celui d'ordonnancement (beaucoup plus proche de celui d'ordinamento, chez Santi Romano), celui de règle et celui d'empire, ce qui confirme le danger de tautologie déjà signalé, puisque chacun de ces termes devrait à son tour être expliqué préalablement par le concept d'ordre lui-même.

Un autre danger guette encore la conjecture étymologique explorée par Benveniste. Dès lors que le mot ordre se rapporte à la totalité de ce qui existe, aussi bien dans l'aire cosmique que dans l'aire anthropologique et sociale, comment éviter qu'il ne se dissolve en une aussi vaste — et finalement vague — acception ? Par ailleurs, le mouvement des astres et les rapports des dieux et des hommes, d'une part, et, d'autre part, des hommes entre eux, peuvent-ils être placés sur le même plan et relever des mêmes règles et lois ? Dans ce cas en quoi les Dieux et les hommes se distinguent-ils (Ovide, Les métamorphoses, Garnier — Flammarion, 1966) ? Dans la culture biblique, par exemple dans le psaume 19, précité, une distinction est nettement établie à ce sujet entre les lois cosmiques, celles qui régissent le mouvement des astres et qui opèrent sans «que leur voix ne soit entendue», et les rapports entre hommes. Ceux-ci nécessitent la régulation singulière d'un excès toujours possible. Ils soulèvent également la question des lois et des jugements — de la loi non pas mécanique mais collectivement reconnue et exprimée, et contradictoirement discutée et appliquée. Cette différence, Benveniste la retrouve d'ailleurs dans le vocabulaire indo-européen dès lors que la racine ART conduit, après maintes transitions de phases linguistiques et conceptuelles, à celle sur laquelle se forme le mot Thémis qui désigne le droit familial, corrélé à celui de Diké, lequel se rapporte plutôt au droit de la cité, à la Polis (E. Benveniste, op; cit.). Connexions que le vocabulaire hébraïque confirmera, on le constatera, une fois de plus.

Pour conclure l'on en donnera avec le Talmud de Jérusalem (Baba Kama) (La Porte antérieure) deux aperçus, envisageant deux situations de contrainte, dans lesquelles l'espace de choix et la marge de manœuvre, physique et mentale, semblent se réduire dangereusement. Deux cavaliers arrivent à un carrefour. Ils ne peuvent passer ensemble ni en même temps. Cette situation ne saurait être prise à la légère puisque l'on sait que c'est celle qui conduisit Œdipe à tuer son propre père, qu'il n'avait pas reconnu comme tel — du moins consciemment. Dans ce cas l'ordre de passage non meurtrier donne la priorité à celui des deux cavaliers qui ne chevaucherait pas sa monture, présumant ainsi de sa moindre hâte. Quelle décision faut-il prendre lorsque les deux cavaliers ont titre égal à faire prévaloir leur priorité? La violence ne va-t-elle pas l'emporter, le passage étant abandonné au plus fort par le plus faible qui se sera désisté de son droit et aura renoncé à son propre être? La prescription talmudique est bien différente et quelque peu déconcertante: dans ce cas, face à un dilemme aussi périlleux, elle fait obligation aux deux cavaliers pressés de maîtriser leur hâte, et de délibérer ensemble pour confronter leurs raisons mutuelles, en prenant à cette fin le temps nécessaire pour exposer leurs raisons mutuelles et se persuader l'un l'autre que l'ordre de passage retenu correspond au bien de tous.

On aura relevé ici l'importance de la délibération pour aboutir à la détermination d'un ordre consenti. Il n'est d'ordre vital que celui qui résulte de la parole délibérative, c'est-à-dire explicatrice mais aussi anticipatrice des conséquences de son impuissance éventuelle. Il ne s'agit pas ici d'une sorte d'esthétique institutionnelle dans laquelle, finalement, la démocratie, qualifiée par la possibilité de la parole échangée, de l'argumentation elle-même gagée sur le respect prééminent de la vie humaine, serait le plus «beau» des régimes (Norberto Bobbio, Il futuro della democrazia, Einaudi, 1998). Ces observations concordantes nous placent face à ce fait d'expérience psychanalytique qui conduit lui-même à une métapsychologie de la vie politique démocratique. La parole dont il est ici question n'est ni la parole de bavardage, ni la parole captieuse, ni celle qui intime ordre non-discutable, une parole dont on dira que si elle ordonne — au sens militaire -, interdisant toute réplique, elle n'ordonnance pas. La parole qui ordonne établit certes un ordre mais fatalement précaire puisqu'il se plaque sur la pulsion de mort. La parole délibérative apparaît essentielle en ce qu'elle instaure progressivement ce que l'on nommera un ordre secondaire, au sens psychanalytique, celui qui qualifie les processus secondaires qui naissent, précisément, de l'élaboration (durcharbeiten) des processus primaires qu'ils désinvestissent de la pulsion de mort pour les orienter vers le choix de la vie (Alain Delrieux, Sigmund Freud, Index thématique, Economica, 2001). Il ne s'agit pas ici de reprendre un débat académique entre Hobbes et Locke, tous deux férus d'exégèse biblique et honnêtes hébraïsants, ou entre Machiavel et Rousseau, si ce n'est entre Sade et Kant. La confusion de ces deux sortes d'ordre aboutit, dans l'usage indistinct d'un même mot pour deux réalités antinomiques, à la reconstitution d'une ambivalence opaque, d'une confusion intellectuelle, d'une décérébration des comportements suscitant, au bout du compte, suicides, homicides, fratricides et génocides. Et qui sait, la pulsion de mort s'alimentant de soi comme le chaos mental s'allaite à la logique du pire, le fantasme sans bords ni rivages d'un possible cosmocide.

Révolution

Une révolution met en place une nouvelle élite dirigeante qui prend le pouvoir d'état de manière brutale et violente et entend jouer un rôle décisif dans le processus de développement. Elle constitue une modalité importante du passage d'un type de société à un autre. Cet avant-gardisme peut-être laïque, intelligentsia socialiste par exemple, mais aussi religieuse; elle peut en appeler à la modernisation ou, à l'inverse, à la restauration fondamentaliste d'un ordre traditionnel. La conjonction d'une avant-garde et d'un mouvement populaire est une condition nécessaire du succès d'une révolution. Elle donne une force à la fois politique et radicale à l'action, qui peut parler au nom d'une communauté et d'un nouveau monde à instaurer. La révolution peut-être modernisatrice ou inversement, la ou le pouvoir est perçu comme modernisateur en même temps que répressif, là où un pouvoir d'état n'a pas su impulser le développement voulu. Là où il est associé à l'image d'un ordre à la fois intolérable et rétrograde et de surcroît, il apparaît très fortement lié à l'étranger, la révolution en appelle plutôt à un ordre, une tradition des valeurs à retrouver, ou à imposer, comme on le voit en Iran, ne serai-ce que dans son anti-occidentalisme.

Les réformes :

Les sociétés modernes ont intériorisé le changement, elles en ont fait une valeur, un mode de réalisation de soi et le produit d'une action volontaire. Des conflits opposent les élites modernisatrices. Celles qui s'identifient au progrès, la science, aux forces productives et à la rationalité, aux groupes qui «résistent» aux changements menaçant leurs équilibres, leurs traditions et leurs intérêts. Le changement apparaît donc comme un processus continu dérivant de stratégies rivales. Ainsi posé le problème du changement devient celui de la capacité de produire de l'innovation et de l'adaptation. L'innovation est plus facile pour les marginaux pour ceux qui doivent inventer des produits et des stratégies nouvelles afin de conquérir une reconnaissance et une légitimé, plus indépendants des routines. Ils sont alors plus libres de développer leur créativité. Le dynamisme est apporté par ceux qui bougent, innovent, prennent des risques parce qu'ils échangent une certaine sécurité contre plus de liberté. Dès que les normes sont incertaines, dès qu'elles cessent d'être incertaines, dès qu'elles cessent d'être intangible, les minorités actives, les leaders, les prophètes ont des chances d'être entendus. Le changement ne relève pas seulement du courage et de l'esprit d'aventure individuel. Les organisations produisent du changement dans la mesure où elles privilégient l'initiative au lieu d'encourager le conformiste. Il faut alors que l'information soit dense et transparente, que les organisations se démocratisent et se décentralisent. Toute organisation «sociales» qui ménage de large zones d'incertitude permet aux stratégies individuelles de transformer le système. Le primat de la modernisation, l'industrialisation est indissociable du mouvement des idées en faveur de la modernisation. C'est au nom du progrès, du triomphe de la raison, que s'opère une mutation. Si la modernisation, le développement l'industrialisation est un projet présent dans la société considérée l'état peut se l'approprier et agir alors au nom de la nation. Celui-ci au plus loin, au lieu de se contenter d'un rôle de garant de l'ordre est un agent volontariste de transformation. Il n'est pas possible de substituer à l'évolutionnisme un point de vue historiciste postulant que chaque société, chaque collectivité nationale oriente son développement en fonction de ses caractéristiques propres, c'est-à-dire de sa culture et de son histoire.

30 ans d'évolution
(1977 à 2007)

En ce début d'année 2007, jetons un regard sur le passé, une brève rétrospective sur le passé, comme on le voit, la mode était* colorée ! Au Québec, 1977 fût très mouvementé, le stade, nouveau gouvernement, a fort Chimo au nouveau Québec les Inuits mettent fin à leur occupation des bureaux du gouvernement provincial, ils protestaient contre l'application de la « la chartre du français aux Inuits ». À Montréal, des gardes engagés par la société « Robin Hood », où la grève des meuniers dure depuis six mois, ouvre le feu sur les gréviste, blessant six personnes. Un nouveau parti politique est élu pour diriger les destinées de la province. Le parti Québécois et son chef René Lévesque qui prône l'indépendance du Québec... Les jeux de la XXI olympiade prennent fin à Montréal et au chantier de construction du stade Olympique, deux ouvriers sont tués et plusieurs autres blessés, lorsqu'une table de béton s'écrase. Trente ans plus tard, 2007 on a enfin fini de payer la construction du stade Olympique, la « dette Olympique », au coût de 1 milliards cinq cent millions de dollars !!! On l'annonçait récemment, sauf que la problématique du toit n'est pas encore réglée. Un éléphant blanc n'est pas approprié, on devrait plutôt dire un dinosaure blanc ! Blanc comme ces hivers que nous avions, l'hiver 1977 qui commença en octobre et qui fût l'un des hivers les plus rigoureux de l'histoire et des précipitations jusqu'à six

---

* Voir l'encart couleur, p. 224

mètres d'épaisseur de neige en maints endroits, et pour la première fois de l'histoire, il neigea en Floride! Le monde en 1977; l'union soviétique lance soyouz-24, ayant à son bord deux cosmonautes. Le vaisseau spatial soyouz sera plus tard amarré à la station spatial salyout, en orbite depuis le mois de Juin 76, au USA on effectue le premier vol d'essai de la navette spatiale «enterprise». Elle subit son test de navigabilité, avec succès. En politique, les États-Unis menace d'intervention par la force militaire le panama si la neutralité du canal de panama était menacée; en vertu d'un traité redonnant au panama sa souveraineté sur ses territoires. Au Pays-bas, des terroristes des îles moluques du sud s'emparent d'un train et d'une école séquestrant cinquante passagers, cents six écoliers et cinq professeurs. Le 11 Juin, les soldats Néerlandais attaquent le train, tuant six terroristes et deux otages. En Afrique, le continent est en ébullition, l'Afrique en 1997 est un continent agité, de nouveau conflits ont cours, le Zaïre et la Somalie, particulièrement. La Somalie et l'Éthiopie se font la guerre sur deux fronts. Le conflit s'envenima pour devenir la guerre la plus sanglante au monde! Les forces somaliennes victorieuses contrôlent les villes mais l'Éthiopie continua de lutter contre les envahisseurs multipliant les raids aériens dévastateurs, mais ne réussit à reconquérir aucun territoire. En Afrique du sud, manifestations et revendications se multiplient; pour leurs «droits». Pour éviter une autre guerre sanglante, le conseil des nations unis, décréta un embargo mondial sur les fournitures militaires à l'Afrique du sud. Ailleurs, au Moyen-Orient, Israël est en guerre avec ses voisins... Le 22 novembre 1977, le président de l'Égypte (Anouar El-Sadate), déclara dans un discours retransmis à la télévision au monde entier, il dit: «toute vie perdue à cause de la guerre est une «une vie humaine» fusse-t-elle Arabe ou Israélienne. Ces enfants innocents que nous privons de nos soins et de notre amour sont nos enfants, qu'ils vivent en terre Arabe ou Israélienne. Ils méritent toute notre attention à leur procurer une vie confortable, aujourd'hui et demain. Le coût de ces guerres pèse très lourd des deux côtés, de nombreuses vies ont été perdues. On a gaspillé pour acheter des armes l'argent nécessaire à l'éducation, au logement et aux autres besoins de la population.» Les deux leaders (Menahem Begin premier ministre d'Israël et Anouar El-Sadate, président d'Égypte), admirent qu'il subsistait encore de nombreuses divergences de vue entre les deux nations, mais ils promirent qu'ils allaient continuer à chercher un compromis et qu'il n'y aurait plus de «guerre»!!! C'était il y a trente ans en 1977, l'histoire se répète, seul les noms changent, 2006 fut toute aussi violente. Le Liban et Israël cette année, l'Afrique ensanglantée, meurtrie, ou l'infamie meurtrière, guerrière et misère continuent, se perpétuent inlassablement. 2007 sera-t-elle meilleure? «Anticiper de quoi sera constituée l'actualité internationale en 2007? Seule chose sûre: il y aura encore des conflits religieux des guerres de pouvoir et d'autre opérations militaires. Car les années passent sans rien changer à ce penchant belliciste des hommes. Quand à savoir où, quand et comment ces événements surviendront, les paris sont ouverts. Quelques prospectives sur un secteur bien imprévisible. Guillaume Bourgault-Côté, le devoir.»

L'auteur

De cet endroit ou mon enfance fût imagée de ce décor, rêvant de trésors enfouis par des pirates ou des petits hommes vivant au loin, dans les montagnes c'est tellement beau que je me disais, il y a sûrement des « habitants » dans cette belle forêt. C'est dans cette petite baie (l'anse de roche), au confluent du St-Laurent et du Saguenay, en Haute Côte-Nord, oui c'est ici, que « la vie m'apprit, me révéla, son « sens existentiel » et qu'au-delà, en deçà, subsistait un « sens métaphysique » ou magnificence, célérité, subjuguait l'enfant que j'étais et l'homme que je suis... Après 20 ans dans le « monde », à Montréal dans l'édition, et bien d'autres activités, je revins un peu par hasard un été, et sur la rive du fleuve, je me mis à l'écriture en espérant que l'avenir préserve ce magnifique décor !

Remerciements

À tous ceux que j'aime, ma douce muse ! Ma famille, mes proches, collègues de travail et collaborateurs(trices) enfin à celle à qui nous nous devons d'aimer : la vie !!! Même si quelque fois, la vie s'avère une longue et pénible autodidaxie, la vie c'est apprendre à aimer... Comme le chante Mario Pelchat dans ce magnifique refrain ; aimer, c'est la seule vérité... À la vie que je remercie infiniment, car elle est magnifique. Michael, disciple de l'amour, de l'ordre céleste universel. Janvier 2007

---

* Notes de l'auteur

* Les illustrations, photographies, ou représentations numériques sont à titre d'ambiance subjective seulement et ne peuvent servir en aucun cas de référence scientifique ou toute autre utilisation implicite.

* Sévir; au sens d'exercer une activité, œuvrer.

* Pour rejoindre L'OCU, ou l'auteur, l'adresse électronique : michaelocu@hotmail.com*

L'alliance fusionniste universelle

Nous sommes tous dans le même bateau.

(Fiction teintée de réalisme)

C'est un fait, une certitude absolue, au-delà de six milliards de passagers. Rectifions, notre bateau, comme disaient-t-ils, en fait il est vaisseau, un vaisseau spatial, qui file à 108,000 km à l'heure 30 km par Seconde,[1] on file à une vitesse folle n'est-ce pas! Vous le lecteur, moi, tous; notre vaisseau spatial va parcourir 936 millions de kilomètres en 2007, sans arrêt possible à une vitesse constante. Bienvenu et bon voyage sidéral. Le terra nova notre vaisseau spatial à tous, car il n'y a pas de propriétaire légitime, bien sûr en certains endroits, des gens vous diront, je suis propriétaire ici et là, mais dans l'ensemble ce vaisseau spatial, le terra nova n'appartient à personne. Il est à nous tous humains. Nous respectons leurs règles, mais il y a des objections, des conflits sans cesse, quoi qu'il en soit notre vaisseau spatial est bien chauffé et bien éclairé même si la source prioritaire de lumière et de chaleur nous provient de loin; 150 millions de km. Nous avons aussi un système d'appoint, de l'éclairage et du chauffage supplémentaire quoi que de nos jours, il fait même trop chaud sur notre vaisseau spatial. On dit que le terra nova souffre d'un réchauffement climatique. Nos brillants ingénieurs vont sûrement trouver une solution à ce problème. Notre vaisseau spatial est grand, il y a beaucoup endroits frais, climatisés, enfin pour tous les goûts! Cet

---

[1] La terre tourne autour du soleil.

étrange vaisseau spatial, file en plus à 720 milles km/h sans que l'on ne s'en aperçoive, en douceur, étrange vaisseau, n'est ce pas! C'est encore rien, notre vaisseau spatial vacille sur lui-même, tournoie à 1650 km/h. En plus s'ajoute une autre vitesse à notre voyage, ça devient compliqué! Je l'admets. Il s'incline et revient à sa position comme une toupie, sans cesse. Ces déplacement à toute vitesse et mouvement donne la nausée, n'est ce pas, ne craignez rien. Notre vaisseau spatial est stable et fiable, vous ne vous ne apercevrez de rien ou presque. N'ayez pas peur, surtout, c'est le meilleur vaisseau spatial jamais construit.

Les cinq mouvements de la terre

1. La terre tourne autour du soleil.
2. La terre a son axe de rotation; les solstices qui font les saisons.
3. La terre tourne aussi sur elle-même.
4. La terre se déplace avec le système solaire dans notre galaxie dont elle fait le tour en 220 millions d'années à la vitesse de 720,000 k/m.
5. Notre galaxie se déplace elle-même dans l'univers.

Je connais personnellement le constructeur! En fait je devrais plutôt dire constructrice; c'est mon amie... Sur notre vaisseau spatial, ce beau grand (terra nova) bleu, on dit en général et on a des images d'un homme barbu qui serait le constructeur. C'est incroyable, le nombre de rumeurs qui circulent sur ce vaisseau spatial. J'ai voulu en savoir plus, je suis curieux, avide de savoir, de vérifier chez des experts, les encyclopédies, l'ordinateur, la bibliothèque. J'ai même confié cette missive à un ami. Il m'a recueilli des données qu'il obtint, à l'ordinateur et dans sa fantastique encyclopédie rare, que seulement quelques experts possèdent. Par suite des résultats de ses recherches sur la construction ou l'origine de notre vaisseau spatial, même si j'avais cru mon amie Nahista, qui prétendait être la constructrice, la maître d'œuvre de notre vaisseau spatial, j'avais des doutes, il y a tant de rumeurs d'hypothèses, crédibles ou farfelues. Ma quête de certitude, de vérité sur l'origine et la construction de notre vaisseau spatial continua incessamment. J'aurai bien trouvé la clef de cette énigme un jour. C'est certain. On me disait toujours que notre vaisseau était l'œuvre d'un homme, dont le nom change d'un endroit à l'autre, à bâbord, ils prononcent Allah. À tribord, yhavé, sur le pont inférieur, ils l'appellent Krishna, Bouddha et d'autres noms que je ne comprends pas bien. Il y a tellement de langues parlées sur notre vaisseau spatial. Dans le quartier des amiraux et capitaines, ils m'ont référé à la bibliothèque et aux experts qu'on trouve sur l'ordinateur. J'ai trouvé beaucoup d'informations sur la construction de notre vaisseau spatial, mais qui l'a fait, personne ne peut en conclure ou l'affirmer. J'ai même trouvé une théorie qui prétend que se sont des hommes venus de très loin dans le cosmos qui seraient les maîtres d'œuvres, de notre vaisseau spatial, le terra nova. Récemment, j'ai rencontré un vieux sage, né en 1928 qui fût professeur de lettre et philosophie, il m'a enseigné beaucoup de chose que les encyclopédies suggèrent différemment. Il me parlait de monisme, pluralisme, relativisme, de religions, il connaissait tout du judaïsme, du bouddhisme, du christianisme, de l'islam au zen, de leurs chefs et mentors, leurs dieux etc. Mais je suis scientiste, les religions ça me laisse froid, parlez-moi de politique et leur chefs, car sur notre vaisseau spatial il y a plusieurs chefs, commandants, capitaines, amiraux, tellement qu'il serait fastidieux de les énumérer tous. Il y a aussi les chefs décideurs, présidents, ministres, maîtres suprême. Ils se divisent et subdivisent à un tel point que les directives les ordres diffèrent d'un bout à l'autre de notre vaisseau spatial. Pire, en vérité, c'est l'anarchie sur notre beau vaisseau spatial « le terra nova! ». Revenons à ma rencontre avec le prof précédemment, ses sujets et propos étant tellement intéressants et instructifs, j'étais débordé. Alors qu'il s'apprêtait à me quitter, une idée me vint, mon ami, lui dis-je, il y a quelque temps j'ai rencontré une femme qui m'a dit tout simplement avec un beau sourire qu'elle était la maître d'œuvre de notre vaisseau spatial, qu'en dites-vous? *Et bien cher ami je vais t'étonner mais je la connais bien!* Vous vous moquez de moi, ce n'est pas drôle. *Je suis sérieux répondit-il. Je la connais, elle est jolie, un sourire charmant, des yeux hypnotisants, calme, stoïque, sereine, belle et d'une intelligence à lire dans vos pensées. Elle s'appelle Nahista.* Mais c'est incroyable, vous connaissez la femme qui a construit notre vaisseau spatial. Pourquoi, il n'est jamais question d'elle, dans notre culture c'est un secret mon ami, car c'est une magicienne, allons donc, la magie ça n'existe pas! Il se leva et s'apprêta à partir. Ne partez pas tout de suite, j'aimerais vous revoir. Et savez-vous ou est Nahista, *elle ne veut pas que je le dise, car c'est ma sœur jumelle et c'est un secret de famille.* Mais c'est impossible, vous avez 72 ans et elle est toute jeune. *Je te l'ai dit, c'est une magicienne. Et je vais te dire un autre secret qui doit rester entre nous deux.* Très bien mais je ne vous crois plus, mon cher monsieur! *Si tu ne me crois pas alors tant pis et bon bonsoir,* non ne partez pas, dite moi votre secret peut-être je vous croirai. *Comme je te l'ai dit, Nahista est ma sœur jumelle et je suis magicien aussi.* Wow, mais avouez que c'est dur à croire! *Veux-tu une preuve* réponda-t-il? Allez-y essayer de me le prouver... *Je t'avertis cependant d'une chose, tu devras garder ce secret pour toi car on te croira fou et l'on t'enfermera.* Et bien, c'est entendu, à l'instant même il disparu par enchantement..., volatilisé, j'étais estomaqué, dépassé, subjugué, les mots me manquent! Je partis chez moi, avec une sensation étrange, heureux cet homme avec son pouvoir magique et tout son savoir m'avait comme illuminé! Je flottais de joie mais je ne pouvais pas la partager, c'est-à-dire en parler, j'avais fait une promesse. Et je suis d'honneur. D'autant plus que je savais que la femme qui avait construit notre vaisseau spatial, Nahista était une magicienne. Ce qui veut dire qu'elle pouvait m'apparaître à tout moment, comme son frère jumeau était lui aussi disparu devant moi alors j'étais soulagé car si sa volonté était de me revoir, je la reverrais. Je suis allé me coucher mais du vacarme m'empêcha de m'en dormir, je sortit de mon lit et alla dehors ce bruit incessant, c'était les devil'sons et la devil'sons machine. La machine des fils du diable si vous préférez. Une bande de mécréant, perfide, toujours à semer la pagaille, à arnaquer, commettre des ignominies, immondices ils volent des pauvres, s'accaparent de leurs biens, tous les vices leurs sont attribuables. Je vous l'ai dit sur notre beau grand vaisseau spatial c'est l'anarchie. Et il faut que ça cesse. Je propose de créer une association internationale que l'on nommerait l'alliance fusionniste universelle. Comme les autorités sont impuissantes à faire régner l'ordre, nous pourrions nous, vous, tout le peuple de notre vaisseau spatial créer une organisation multidisciplinaire qui aurait comme objectif de remettre l'ordre sur notre vaisseau, le beau terra nova. Il y a tellement de problème à résoudre que plus nous serons de cerveaux mieux ce sera. L'ordre céleste universel se veut «l'ordre du nouveau millénaire, car en ce début de siècle, et du nouveau millénaire, la paix mondiale est menacée. Notre biosphère et l'environnement presque condamné, du mois passablement diminué, la biosphère, les écosystèmes planétaires sont menacés, avec sa faune et sa flore. À ces propos mon (tome II, le défis du 21ième siècle), à paraître. Les guerres qui sévissent sans cesse, toujours les mêmes conflits sanguinaires, destructeurs, perpétuant ignominies, immondices, que femmes, enfants, vieillards, paysans; les plus pauvres et démunis qui vivent désespérément cet enfer de souffrance qu'ils ne méritent pas, fusent-t-ils juifs, musulmans, païens ou autre! Car tuer un humain innocent est un crime, quoi que l'on dise quoi que l'on fasse. Dommages collatéraux, qu'ils rétorquent, belle dialectique! De légitimité, de défense nationale, de chasse au terroriste. Foutaise, alors que tout homme et toute femme sensé, peut deviner leur pernicieux jeu de la guerre, qui n'a que pour but ; l'argent, le pétrole, le pouvoir, l'absolutisme et l'arrogance mensongère de ces « faux rois du monde ». Si le concept du jugement dernier est vrai, personnellement je l'espère, alors ils saisiront l'ampleur du mot « éternité », ceux qui seront condamnés à la damnation éternelle. Je comprends la haine des uns envers les autres, mais répondre à la violence par la violence engendre, attise, la haine et la violence. Le nouveau millénaire ne fait que débuter, d'autre « chocs » sont à venir, l'explosion démographique des bidonvilles, les écosystèmes l'énergie, l'ensemble de la biosphère terrestre, le réchauffement planétaire. Le nouveau millénaire sera révélateur et merveilleux ou lamentable et perfide... car on peut si l'on veut arrêter la guerre, changer de gouvernement, de systèmes etc.

Loi et réglementation ; les lois se doivent de correspondre à la réalité pour être respecté et honoré. La loi doit honorer la vérité pour établir une justice sociale équitable comme le temps elle doit être « la loi » universelle, commune à tous comme le temps que personne n'a ou ne changera jamais, comme le temps qui avance, l'ordre social, la réglementation se doit d'évoluer au rythme du temps en conciliant, en maintenant l'ordre et la loi et sa filiation, passé, présent et futur. Tant que l'humanité entière sous l'égide d'une organisation internationale, universelle, tant qu'elle ne fixera et aussi longtemps, de barèmes de tolérance ou d'intolérance de situations extrêmes, l'aide apportée sera vaine. On se doit d'agir sous l'égide d'une alliance fusionniste universelle regroupant toutes les forces, les groupes, les puissances pacifistes de ce monde ! L'idée de bien, quoique ne soit pas l'essence, mais au dessus de cette dernière en dignité et en puissance le bien est ainsi posé comme le principe de la connaissance de l'être. Le bien est à la fois ce qui fait que les idées sont connues et ce qui les faits être. Ainsi les idées étant les modèles ou archétypes, dont tout le reste n'est qu'une imitation, l'idée du bien, source des idées est le modèle suprême.

Nationalisme et patriotisme

Comment concilier ces deux entités en l'universalité qui «elle» se veut mondiale multiculturelle, internationale. C'est tout comme il est écrit et signifié, «multiculturelle», oui dans le respect et l'entente entre les cultures, les peuples leurs coutumes, car ces petites différences, simplement humaines; ce sont elles qui font en l'occurrence le nationaliste et le patriote. Chaque nation comme chaque personne et toutes les personnes des dites nations se doit, espère, anticipe la fierté, l'honneur le respect et l'amour de son pays, sa république etc. Oui un fier patriote et un nationalisme fort qui sait s'affirmer et conclure, vivre en harmonie avec l'ensemble, l'universel, le planétaire, le système mondiale, global, ordonné. Bien entendu l'ordre céleste universel se veut l'outil de prédilection par excellence.

L'environnement

Tout au cours de son histoire, l'homme a été aux prises avec les grands problèmes de la faim, de la pauvreté et du manque de sources d'énergie. Mais aujourd'hui, ceux-ci apparaissent plus complexes. Pour la première fois dans l'histoire, les gens commencent à se demander si leurs efforts pour vaincre la faim, la pauvreté et les pénuries d'énergie ne rendront pas la Terre elle-même invivable.

Le vaisseau spatial terre

Traditionnellement, l'homme a toujours perçu la nature comme une force qu'il devait vaincre ou contrôler. Il y a des milliers d'années,

Le vaisseau spatial Terre : l'hémisphère occidental vu de l'espace.

les gens avaient la vie dure. Ils ne pouvaient que s'adapter eux-mêmes, du mieux qu'ils pouvaient, à leur environnement. Mais au cours des siècles, l'homme a découvert de nombreux moyens de maîtriser la nature, de la mettre à son service. Cette maîtrise de l'homme sur la nature s'est considérablement développée. Au 20e siècle, elle a progressé à un rythme étourdissant, si rapidement que plusieurs commencent à s'alarmer. Peut-être la conquête de la nature par l'homme est-elle allée trop loin.

Aujourd'hui la population mondiale croit à un rythme inégalé dans toute l'histoire de l'humanité. Vers le 1er siècle de notre ère, la population mondiale se chiffrait entre 200 et 300 millions d'habitants. Elle mit plus de 16 siècles avant de doubler, atteignant environ 500 millions en 1650. À partir de 1650, elle ne mit que 300 ans à doubler encore une fois, s'élevant à environ 1 milliard en 1850. Aujourd'hui, 157 ans plus tard, la population mondiale atteint les 6 milliards. Au taux actuel de croissance, la population du monde double tous les 35 ans !

De nos jours, on est de plus en plus conscient que les augmentations de la population mondiale et de la consommation d'énergie sont peut-être en train de changer la face du monde, entraînant des conséquences irréversibles.

La planète compte en 2007 ; 6,6 milliards d'individus, estimation faite de Population Action International. Les pays en voie de développement augmentent chaque année, l'on compte une augmentation d'environ 200 000 personnes chaque jour, au niveau planétaire. Les centres urbains sont toujours en croissance, accompagnés de bidonvilles ou pauvreté, insalubrité, promiscuité et ou le délabrement et criminalité foisonnent.

Les écolos pirates à l'assaut des baleiniers

Le cachalot criait et le son ressemblait à celui d'un être humain, se souvient-il. Et ce que j'ai vu a changé ma vie pour toujours. Alors que la baleine sortait sa tête, au milieu d'une marre de sang, j'ai vu de la compréhension dans son regard. La baleine, qui devait peser 60 tonnes, aurait pu réduire en miettes notre petit bateau, mais elle a compris que le harpon ne venait pas de nous et elle a évité notre bateau. Je me suis toujours ressenti redevable à cette baleine, qui a épargné ma vie. Alors, j'ai décidé de consacrer ma vie à protéger les cétacés. Nous n'essayons pas de faire comprendre aux gens ce qui se passe en Antarctique, nous essayons simplement de faire appliquer la loi. Notre but est d'empêcher les japonais de tuer des baleines, que les gens aiment ça ou non. Capitaine Watson.

Bisbille entre écologistes

Si la SSCS et Greenpeace ont toutes deux mené des actions conte la chasse aux cétacés, ces organisations sont pourtant de véritables frères ennemis. Paul Waston est lui-même très critique à l'endroit de cet autre groupe d'écologistes. « Notre intention est de stopper cette chasse criminelle. Nous ne sommes pas une organisation de protestation. Nous sommes ici pour faire respecter les règles internationales de protection des espèces. Nous ne brandissons pas d'affiches, nous intervenons », lance-t-il. La SSCS est différente de Greenpeace parce que nous n'organisons pas de manifestation, nous intervenons contre les activités illégales, soutient-il. Greenpeace a un bateau suffisamment rapide pour arrêter les baleiniers, mais ils ne le font pas. Moi, je ne pourrais pas regarder les baleines êtres torturées et agoniser alors que je ferai que filmer et photographier la scène. » Et il n'a que faire des critiques. « Trouvez-moi une seul baleine qui soit en désaccord avec nos actions et je promets que je ne recommencerai plus! », lance-t-il. Son organisation a par ailleurs reçu l'appui de plusieurs personnalités, notamment les acteurs Martin Sheen, Pierce Brosnan et Christian Bale. Le capitaine Waston, aujourd'hui âgé de 57 ans, entend bien poursuivre son action. « Nous sommes au XXIe siècle et la chasse à la baleine n'a plus de raison d'être. Nous avons mené une véritable guerre contre les baleines depuis beaucoup trop longtemps. Ce sont des créatures qui ont une structure sociale élaborée et une intelligence très complexe. Nous avons beaucoup à apprendre de ces animaux. » Il estime d'ailleurs que « si nous ne sommes pas capables de protéger les baleines et les océans, je ne vois pas comment nous pourrions nous-mêmes survivre. C'est pour cela que nous contestons le mode de vie de l'humanité, qui mise sur la surconsommation et la destruction des ressources naturelles. Bref, des choses dont on préfère bien souvent ne pas parler. »

(Extrait du journal le devoir 31 déc. 2006)

« La planète en péril »

« Sous les tropiques, la biodiversité disparaît à une vitesse inimaginable » Michel Loreau professeur en écologie à l'université McGill, Canada. » L'Europe s'est engagée à réduire de moitié la perte de sa biodiversité d'ici 2010. En taxonomie, le calcul que l'on est en train de décrire des espèces est inférieur à celui de leur disparition, notamment dans les forêts tropicales. Le réchauffement climatique, l'impact et ses conséquences qui nous attendent ; voici quelques extraits peu réjouissants, mais voyons cela comme un défis à relever, une incitation à prendre des mesures qui s'imposent ! L'inventeur de « Gaïa » concept de la terre comme système vivant autorégulée, traite lui aussi du réchauffement climatique dans son nouveau livre, The Revenge of Gaia (Basic Books.) James Lovelock estime qu'il ne reste que quelques années à l'humanité, et non pas des siècles, pour éviter le « point de non-retour ». Il a calculé que la quantité de carbone émise dans l'atmosphère chaque année par l'activité humaine formerait une montagne de 1 milles de hauts sur douze milles de circonférence (1,6 km sur 19,3 km).

Le défi du 21ième siècle

Le pétrole restera cher et le prix augmentera jusqu'à l'épuisement des stocks mondiaux car inexorablement dans moins d'un siècle les sources noires seront taries. On estime que les réserves mondiales disponibles pour encore cinquante ans maximum. Les matières premières aussi dans quelqué années commenceront à s'épuiser, on

UNE NOUVELLE ÈRE GLACIAIRE?

Dans le passé, de grandes régions de l'hémisphère Nord ont été recouvertes de glace à plusieurs reprises. La dernière fois que ce phénomène s'est produit, il y a environ 20.000 ans, d'énormes masses de glace recouvraient les sites où se trouvent aujourd'hui les villes de Montréal et New York. Ces masses de glace, appelées glaciers, avaient parfois des épaisseurs de plusieurs milles. Le nord de l'Europe, de l'Asie et de l'Amérique du Nord étaient aussi froids que le Groënland aujourd'hui.

Il y a 10.000 ans, les températures commencèrent à monter. Les glaciers se mirent à fondre. Bientôt les seuls endroits englacés furent les régions polaires et le Groënland.

Le Groenland perd sa calotte glaciaire trois fois plus vite que prévu.

La destruction de la forêt tropicale risque d'entraîner des bouleversements climatiques qui menaceront la vie dans toutes les autres biomasses du monde.

CHANGEMENTS CLIMATIQUES

50 millions de réfugiés en 2010

PARIS (AFP) — Les changements climatiques se traduiront par des sécheresses accrues, des inondations, des cyclones et par une montée du niveau des mers, causant la fuite de millions de «réfugiés du climat» d'ici quelques décennies, selon les experts.

Inuits menacés par la fonte du Groenland, populations d'Afrique centrale confrontées au désastre écologique affectant le bassin du lac Tchad, milliers de victimes de l'ouragan Katri-

na à La Nouvelle-Orléans, «le problème des réfugiés environnementaux promet de devenir une des pires crises humanitaires», estime Norman Myers, professeur à l'Université d'Oxford.

Autre symptôme du réchauffement climatique

Désastres sens dessus dessous

OTTAWA (PC) — Après les prédictions de vagues de chaleur plus intenses, d'ouragans plus violents et de montée du niveau des océans, voilà que des scientifiques entrevoient de nouveaux désastres potentiels attribuables au réchauffement climatique: cela pourrait prendre la forme d'éruptions volcaniques dans l'Arctique, par exemple, ou d'un tsunami sur les côtes de Terre-Neuve.

Des géologues disent que la fonte des glaces due au réchauffement du climat libérera des pressions accumulées dans la croûte terrestre, provoquant des événements géologiques extrêmes comme des tremblements de terre, des tsunamis et des éruptions volcaniques.

Un mètre cube de glace pèse près d'une tonne et certains glaciers ont plus d'un kilomètre d'épaisseur. Quand ce poids est supprimé à la suite de la fonte de la glace, les tensions et contraintes du roc sous-jacent, jadis contenues, se manifestent.

Le géologue Patrick Wu, de l'Université de l'Alberta, compare l'effet à celui d'un pouce qui presse un ballon de soccer quand on retire la pression du pouce, le ballon reprend sa forme originale.

Dans le cas de la Terre, normalement, ce relèvement se fait lentement, et les séismes qui secouent à l'occasion l'est du Canada sont attribués à un redressement en cours depuis la dernière ère glaciaire, il y a plus de 10 000 ans.

La fonte de la glace qui recouvre l'Antarctique ou le Groenland aurait un impact semblable, mais le processus se trouverait accéléré à cause de l'effet des gaz à effet de serre produits par les humains.

Quand un séisme survient sous l'eau, il peut déclencher un tsunami.

Selon M. Wu, la fonte de la glace de l'Antarctique cause déjà des tremblements de terre et des glissements souterrains, bien qu'on en parle peu. Il prédit que le réchauffement climatique engendrera «beaucoup de tremblements de terre».

Mais en poussant ses recherches, il a constaté qu'en plusieurs endroits du monde, surtout autour de la Méditerranée, on observe des corrélations analogues. «Quand la glace fond, d'une épaisseur de plusieurs centaines de mètres à un kilomètre (...) on diminue la charge pesant sur la croûte et on diminue la pression qui maintenait fermées les cheminées volcaniques.»

«Dans le monde entier, des preuves s'accumulent à l'effet que les changements du climat peuvent avoir et ont effectivement un impact sur la fréquence des tremblements de terre, des éruptions volcaniques et des glissements catastrophiques des fonds marins», écrit le géologue britannique Bill McGuire, dans le magazine New Scientist. «Non seulement cela s'est-il produit plusieurs fois dans l'histoire de la Terre, mais la preuve indique que cela se produit encore», ajoute le scientifique, qui enseigne au University College de Londres.

Une énorme masse de glace s'est détachée de l'île d'Ellesmere

GUILLAUME LAVALLÉE

Une énorme plate-forme glacée s'est violemment séparée de l'île d'Ellesmere, dans l'Arctique canadien, ont constaté des chercheurs canadiens, qui y voient un autre symptôme du réchauffement de la planète.

La masse de glace d'une surface de 66 km² s'est détachée d'un seul coup de l'île d'Ellesmere, une énorme bande de terre située aux confins de l'Arctique canadien et voisine du Groenland.

Le phénomène, qui s'est produit en août 2005, avait émis une énergie qu'il a été détecté par des appareils sismologiques canadiens situés à 250 kilomètres de là. Mais personne à l'époque n'était parvenu à identifier ce qui s'était réellement passé.

l'Université Laval à Québec, s'est rendu dans les eaux glacées de l'Arctique pour observer la «nouvelle île».

«C'est vraiment incroyable, a-t-il déclaré au journal *National Post*. Les gens parlent des animaux menacés. Eh bien ici, il s'agit de paysages menacés, et nous sommes en train de les perdre», a ajouté le chercheur, qui affirme n'avoir rien vu de tel dans la dernière décennie.

«Cette plate-forme d'Ellesmere abritait des écosystèmes uniques sur la planète, ce sont des lacs d'eau douce qui se développaient sur et sous la langue de glace», explique à l'AFP Louis Fortier, directeur scientifique d'ArcticNet, réseau canadien de recherche sur l'Arctique.

(Anse de roche) Sacré-Cœur sur le Fjord Saguenay, Haute Côte-Nord Québec, été 2007.

Marina, (Anse de roche)

Tadoussac, Québec, été 2007.

peut s'attendre à des pénuries de «réserves (ressources géologiques) économiquement rentables et exploitables.» L'ère des matières premières bon marché est définitivement révolue. Tout comme les besoins en produits agricoles vont doubler dans les cinquante prochaines années, ref : les marchés mondiaux 2006, rapport cyclope, sous la direction de Philippe Chalmin, éditions Économica.

Même l'air que nous respirons a été pollué par les fumées industrielles.

Les insecticides peuvent causer des problèmes plus graves que ceux qu'ils résolvent.

L'exode croissant de la population rurale vers des villes telles que Sao Paulo, au Brésil (ci-dessus), a engendré la prolifération de taudis tels que ceux-ci (à gauche) *à Rio de Janeiro, au Brésil.*

Hausse alarmante dans le monde

WASHINGTON (AFP) - Les émissions de dioxyde de carbone (CO^2), un des principaux gaz à effet de serre, ont augmenté dans le monde de manière alarmante entre 2000 et 2004, à un rythme trois fois supérieur à celui des années 1990, selon une étude scientifique américaine publiée lundi.

Ces émissions de CO^2 ont augmenté de 3,1% par an au début des années 2000 contre un rythme de 1,1% par an dans les années 1990, d'après cette étude publiée sur le site internet de la revue de l'Académie nationale des Sciences (PNAS).

D'après les auteurs de l'étude, cette croissance accélérée des émissions de CO^2 est largement due à la hausse de la consommation d'énergie et à l'augmentation de carbone dans la production d'énergie.

"Malgré le consensus scientifique selon lequel les émissions de dioxyde de carbone affectent le climat, nous ne constatons pas de signes de progrès dans la gestion de ces émissions aussi bien dans les pays développés que dans les pays en développement. Dans de nombreuses parties du monde, nous reculons", souligne le principal auteur de cette étude, Chris Field, directeur du département sur l'écologie mondiale à la Carnegie Institution.

L'étude montre également que les émissions de CO^2 ont augmenté plus vite depuis 2000 que dans le pire scénario envisagé par le Groupe intergouvernemental d'experts sur l'évolution du climat (Giec). "Les tendances liant l'énergie à la croissance économique vont réellement dans la mauvaise direction", estime M. Field.

L'accélération d'émissions de CO^2 est particulièrement importante dans les pays en développement dont l'économie progresse fortement, en particulier la Chine, où l'augmentation des émissions de CO^2 est surtout le reflet de l'augmentation du produit intérieur brut par habitant.

Entre 2000 et 2004, les pays en développement ont été les principaux responsables de l'augmentation des émissions de dioxyde de carbone, même si cela ne représente que 40% du total des émissions de CO2 dans le monde.

En 2004, 73% de la croissance des émissions dans le monde est venue des pays en développement et des pays moins développés, qui représentent 80% de la population mondiale.

La même année, les pays développés (dont l'ancienne Union soviétique) ont contribué à 60% des émissions totales. Ils sont responsables de 77% des émissions cumulées depuis le début de la révolution industrielle, relève l'étude.

Les glaciers fondent partout dans le monde

Charles Hanley
Associated Press

■ GLACIER CHACALTAYA, Bolivie — Des Andes à l'Himalaya en passant par les Alpes, les scientifiques font partout le même constat : les glaciers fondent sous l'effet du réchauffement climatique, menaçant les ressources en eau de régions entières et contribuant à la montée du niveau de la mer.

S'il est observé sur l'ensemble de la planète, le recul des glaciers est particulièrement rapide dans les Andes. «Regardez! Le Chacaltaya s'est scindé en deux», souligne le scientifique Edson Ramirez en montrant l'étendue glacée qui culmine à 5300 mètres d'altitude à une heure de route de La Paz, en Bolivie.

Le Chacaltaya, qui contribue à l'alimentation en eau de la capitale bolivienne, aura disparu dans huit ans, selon M. Ramirez. «Certains petits glaciers comme celui-ci ont déjà disparu», précise le glaciologue bolivien. «Et beaucoup d'autres suivront dans les 10 prochaines années.»

De l'Alaska au nord, à la Patagonie au sud, c'est tout le continent américain qui est concerné. Mais pas seulement. En Afrique de l'Est, les célèbres neiges éternelles du Kilimandjaro fondent. Et dans les Alpes et l'Himalaya, les changements sont frappants.

«Sur les sommets himalayens, le rythme auquel les glaciers reculent est alarmant», constate le scientifique indien Rajendra Pachauri, qui dirige le Groupe intergouvernemental sur l'évolution du climat (GIEC), un réseau d'experts parrainé par l'ONU. «Et ce n'est pas un exemple isolé. J'ai vu des photos du Kilimandjaro prises il y a 50 ans et aujourd'hui: on voit la différence.»

En 50 ans, les températures hivernales ont grimpé de quatre degrés dans l'Arctique

Des preuves accablantes montrent du doigt le réchauffement du climat lié à l'activité humaine. Les températures dans le monde ont augmenté d'environ 0,6 degré au XXe siècle. Mais des glaciologues français travaillant avec Edson Ramirez estiment que les Andes boliviennes se réchauffent encore plus vite, au rythme de 0,3 degré par décennie.

Cette élévation des températures devrait se poursuivre tant que les gaz à effet de serre, essentiellement le dioxyde de carbone émis par la combustion des énergies fossiles, s'accumuleront dans l'atmosphère, soulignent les experts.

Une étude internationale menée en novembre a conclu que les températures hivernales avaient grimpé de 4 degrés sur une période de 50 ans dans l'Arctique, où le pergélisol et la banquise régressent.

Fin de siècle chaude pour l'Arctique

WASHINGTON (AP) — À la fin du siècle, les températures pourraient grimper à un niveau inédit depuis 130 000 ans dans l'Arctique et la hausse du niveau des océans pourrait atteindre jusqu'à 90 centimètres, selon des travaux publiés hier dans la revue *Science*.

Si le rythme actuel du réchauffement climatique se poursuit, l'Arctique pourrait, d'ici 2100, connaître son climat le plus doux depuis 130 000 ans, souligne une étude de dirigée par Jonathan Overpeck, de l'Université d'Arizona.

Des modèles informatiques montrent également que la température moyenne pourrait grimper au-dessus de zéro pendant plusieurs mois de l'année dans une partie du Groenland. Ce qui pourrait avoir un impact substantiel sur la fonte des glaces polaires, note une deuxième étude réalisée par Bette Otto-Bliesner, du Centre national américain pour la recherche atmosphérique.

Cette fonte des glaces pourrait élever le niveau de la mer de 30 à 90 centimètres au cours des 100 à 150 prochaines années, selon la scientifique.

«Même si notre travail se concentre sur le pôle, les implications concernent l'ensemble de la planète», souligne-t-elle.

«Par le passé, ces couches de glace ont fondu et le niveau de la mer s'est élevé. La chaleur nécessaire à ces phénomènes ne représente pas une si grande différence avec la température actuelle.»

Selon les chercheurs, la température de l'Arctique pourrait augmenter de 2,6 à 4,4 degrés au cours du siècle à cause d'une plus forte concentration des gaz à effet de serre dans l'atmosphère.

Et le niveau des océans pourrait croître sous l'effet conjugué de leur expansion thermique et de la fonte de la glace polaire.

Selon Michael Oppenheimer, de l'université Princeton, même «un réchauffement modeste pourrait exposer la Terre à une hausse majeure du niveau de la mer».

ÎLES DU PACIFIQUE GRIGNOTÉES

Dans le même temps, la mer monte, grignotant le rivage d'îles du Pacifique, alors que les océans se dilatent sous l'effet du réchauffement et de l'écoulement d'eau douce provenant de la fonte des glaces du Groenland et d'autres régions.

Des milliers de glaciers, notamment dans la région de l'Himalaya, rétrécissent dans l'ouest de la Chine, où l'eau provenant de leur fonte a créé une nouvelle rivière. Dans les Alpes italiennes, la couche de glace a fondu de 10% durant la canicule qui a frappé l'Europe en 2003, et pourrait s'évaporer totalement d'ici 20 à 30 ans.

Sur toute la planète, le phénomène pourrait à terme compromettre l'approvisionnement en eau de régions entières pour la consommation humaine, l'agriculture et l'électricité. Au Pérou, 70% du courant est généré par des barrages hydroélectriques exploitant l'eau de la fonte des glaces andines... qui pourrait se tarir en grande partie d'ici 10 ans, selon les autorités.

En outre, de nouveaux lacs de montagne formés par la fonte des glaces menacent de déborder et de submerger des villages situés en aval.

Le Chacaltaya était autrefois la plus haute piste de ski au monde mais plus personne n'a glissé sur ses pentes depuis 1998. Sa fonte a mis la roche à nu dans la partie centrale du glacier, qui a donc désormais deux langues. Edson Ramirez estime qu'il a perdu les deux tiers de sa masse dans les années 90 et n'a plus que 2% de sa taille initiale.

Les glaciers, ces « châteaux d'eau du monde », sont le signe le plus visible que nous sommes dans la première phase du réchauffement de la planète, prévient Lonnie Thompson, éminent glaciologue de l'Université de l'Ohio.

Le désert montérégien

Le chiffre que tous les écologistes redoutent et que plusieurs municipalités ont déjà atteint est 0 pour cent de couvert forestier naturel.

Dans cette grande région parsemée de champs agricoles et de forêts de condos, la place laissée entre ces deux extrêmes est très petite pour les parcelles forestières restantes. Et plus nous avançons dans le temps, plus l'inquiétude se fait grande parmi les défenseurs de l'environnement. Le morcellement et le déboisement de nos forêts les plus anciennes se font à un rythme si alarmant qu'on pourrait facilement, sans être devin, prédire que plusieurs autres bourgades de banlieue, sinon presque toute la Montérégie, auront rejoint les rangs peu enviables du moins de un pour cent de couvert forestier d'ici quelques années.

Les seules barrières restantes aux différents développements en Montérégie sont: les obstacles naturels insurmontables et les groupes écologistes! En effet, les dernières grandes forêts sont situées soit sur des montagnes ou en périphérie, soit sur des monticules rocheux laissés lors du retrait de la mer de Champlain, ou situées en terres humides, milieux qui, à l'époque (mais plus maintenant), étaient impropres au développement résidentiel. On a trouvé des moyens modernes de pouvoir installer une popula-

tion en milieu humide en Montérégie, on coupe la forêt, on assèche les marécages, on remblaie et on crée des bassins de rétention des eaux pluviales pour prévenir les inondations!

Ceci nous ramène à un autre zéro pour cent qui nous inquiète: les milieux humides.

Il est presque impossible d'imaginer la destruction que nous faisons subir à nos milieux humides. Une disparition commencée depuis beaucoup plus longtemps que les forêts. Nos milieux humides se raréfient à une vitesse telle qu'il faudrait tous les protéger sans exception pour maintenir la capacité de rétention d'eau et le système de filtration naturel qu'ils nous fournissent! Mais les différentes lois étant ainsi faites, on permet encore la destruction d'habitats exceptionnels en milieu humide avec l'aval de nos gouvernements, sous prétexte de ne pas avoir le choix d'émettre des permis de polluer, développement économique oblige, ayant probablement une peur bleue des poursuites de promoteurs, d'industries ou d'entreprises agricoles majeures.

Et nous maintenant, citoyens de ce désert, nos voix équivalent à combien de pourcentage dans cet univers de destruction infernale? Et oui, zéro pour cent. Nous

sommes en position d'exiger, de dénoncer, et avec beaucoup de détermination et de fermeté, de faire changer les choses immédiatement. Demain, il sera trop tard. Nos actions, pacifiques, doivent créer un mouvement qui fera comprendre à notre ministre de l'Environnement et à notre premier ministre que nous sommes prêts pour du changement et que nous l'exigeons immédiatement. La voix du peuple doit se faire entendre dans les plus hautes sphères gouvernementales pour que le système de fonctionnement de protection de notre environnement soit revu, amélioré et surtout, beaucoup plus représentatif de la population qui, elle, est le véritable gouvernement, pourvu qu'elle se donne la peine d'y prendre part.

Tommy Montpetit
Président, Sauvons
nos boisés et milieux humides

Les bidonvilles: une bombe à retardement

VANCOUVER (AFP) — Le 3ᵉ Forum urbain mondial de l'ONU s'est terminé, vendredi, avec une mise en garde des experts contre la multiplication des bidonvilles, générateurs de violence urbaine, voire de terrorisme.

Selon un rapport de l'ONU présenté au début du Forum, la croissance urbaine se fait à 38 % à l'intérieur de bidonvilles. Sans contrôle, ces zones ne manqueront pas de devenir des «centres de privations et d'instabilité», a prévenu la sous-secrétaire générale de l'ONU, Inga Bjork-Klevby.

Selon Clive Harridge, président de l'Institut britannique de la ville et de la planification, l'expansion des bidonvilles pourrait même encourager le terrorisme.

«Si le développement anarchique des villes donne naissance à une population marginalisée, cela aboutira au terrorisme», a-t-il averti, notant que «toutes les projections montraient que la violence politique allait poursuivre son escalade».

Il a par ailleurs estimé qu'autant les bidonvilles que les banlieues riches des villes occidentales, caractérisées par une consommation effrénée des ressources, sont également incompatibles avec la notion de développement durable et responsables du changement climatique.

Cependant, de nombreux intervenants ont déclaré, tout au long de la semaine des travaux du Forum, que ni les gouvernements ni les organisations internationales ne pouvaient résoudre le problème des bidonvilles sans un engagement actif des habitants eux-mêmes.

«Nous en avons assez d'être des sujets sur les ordres du jour!» a affirmé Rose Molokoane, de la Fédération sud-africaine des sans-abri et d'une association internationale d'habitants de bidonvilles.

«Nous en avons assez d'être des assistés», a-t-elle poursuivi.

Selon David Satterthwaite, de l'Institut britannique pour l'environnement et le développement, la plupart des agences d'aide versent les dons financiers aux gouvernements centraux, pour des raisons pratiques. Or, a-t-il noté, cette tactique n'a connu aucun succès en 20 ans.

L'un des bidonvilles de Manille, aux Philippines. selon l'ONU, les bidonvilles de la planète compteront 1,4 milliards d'habitants, en 2020.

Conclusion

Sans conclure sur une note pessimiste, défaitiste car la terre est en péril, les changements environnementaux et leurs conséquences, les bouleversements climatiques partout dans le monde, la guerre et la pauvreté qui se perpétue constamment. Les multinationales qui ne cherchent qu'à s'enrichir aux dépens des ressources planétaires toujours décroissantes, les pays émergents qui ne veulent qu'accéder à un niveau de vie comparable au nôtre. Le 21ième siècle sera tout un défi à l'humanité. Des changements drastiques s'imposent pour envisager notre survie et poursuivre notre destinée dans ce nouveau millénaire...

Les métaux lourds. Le mercure, par exemple. Il se dépose sur la neige. Du mercure dans le foie des phoques, proies des ours polaires, et ces derniers sont contaminés. Tout comme des Inuits qui consomment aussi du phoque. Au Groenland, un taux important de mercure dans le sang est relevé chez certaines personnes.

Les polluants, transportés par les courants atmosphériques (sous forme d'aérosols) et les courants marins, à partir de zones émettrices lointaines, se concentrent à mesure qu'ils s'élèvent dans le réseau alimentaire jusqu'à l'homme. Ce dernier est victime d'un effet boomerang, car ce sont des polluants d'origine anthropique qui se concentrent progressivement au long de la chaîne alimentaire, avec effet cumulatif en bout de chaîne. On les retrouve donc aussi bien chez des ours accumulant les molécules dangereuses dans leurs réserves graisseuses que dans le lait de femmes inuites. Avec de terribles conséquences pour leur progéniture.

La présence de métaux lourds dans l'atmosphère varie selon les saisons, mais leur circulation, comme celle des POP, ne connaît pas de frontières et leur dépôt amène leur dangerosité vers des personnes qui ni ne les connaissent, ni ne les utilisent.

Des POP se font cependant moins présents dans l'atmosphère du Nord canadien depuis certaines limitations, voire des interdictions d'utilisation.

C'est encourageant!

Oui, mais les courants atmosphériques et océaniques risquent de changer avec les perturbations climatiques annoncées, laissant envisager des répercussions sur la santé des humains et des non-humains soumis aux mêmes conséquences d'actions humaines.

HUBERT REEVES

L'ours polaire et la pollution

Les ours polaires sont souvent victimes de la pollution par hydrocarbures. Comme eux, d'autres animaux trinquent: des phoques aux oiseaux marins, par exemple. L'ours, en léchant sa fourrure souillée, les oiseaux, en nettoyant leurs plumes avec leur bec, ingèrent les produits pétroliers et s'intoxiquent. Et tout consommateur d'animaux empoisonnés s'empoisonne lui-même.

Parmi les contaminants, on trouve : les POP (polluants organiques persistants). Ce sont des pesticides et autres produits chimiques (PCB polychlorobiphényls, par exemple) ou des sous-produits de processus de combustion et de productions industrielles (dioxines).

Écologiste, Laure Waridel fonda «équiterre» en 1993, organisme qui a comme mission de proposer des solutions individuelles et collectives en vue d'un monde plus équitable et plus écologique. Engagée socialement, c'est elle qui a introduit le café équitable sur les tablettes de nos magasins. Ce gigantesque défi, sauver la planète de la destruction, et rétablir l'équité planétaire, c'est le but qu'elle s'est assignée. Son travail y contribue grandement il y a maintenant deux milles points de vente au Québec dit-elle, toute jeune déjà, la tristesse et la colère m'habitait devant le spectacle des inégalités criantes dans le monde et de l'environnement dévasté. «Si j'étais jeune, je militerais pour les verts, parce qu'il y a péril en la demeure, et la demeure c'est la terre!» Benoîte Groux écrivaine, quatre vingt cinq ans. Bravo quelle ténacité, un exemple de discipline intellectuel, elle exerce toujours son talent, auteure du célèbre livre; (Ainsi soit-elle). Rappelons- nous que ce n'est pas la terre (et ses ressources) qui nous appartiennent, mais bien nous qui lui appartenons. Prenons en soin, et cela commence par des petites initiatives prises individuellement et collectivement. (Julie Simard d'étude collégiales Forestville). Tachons plutôt de ménager celle qui nous a vu naître.

La terre à nulle autre pareille...

Découvrez une nouvelle théorie conceptuelle universelle; la physique et métaphysique unifiés, une synergique puissance exponentielle, multidimensionnelle, dans le continuum spatiotemporel; un pouvoir sans limite, et la compréhension phénoménologique. Mettez votre intelligence a profit vers le succès, la santé, le bonheur la libération, les voies subliminales, L'esprit plus fort que la matière…